世界級記憶大師

教你 人人學得會的

高效記憶術

世界記憶冠軍
蔣卓鄲　著

萬里機構

前言

記憶的真相

親愛的讀者，我要告訴你一些關於記憶的真相。

有的人說只要掌握了記憶的方法和秘訣，就能將記憶力提高3倍、5倍、10倍，甚至100倍！你聽過嗎？

那麼，通過訓練真的能提高記憶力嗎？

答：不能！

為甚麼不能呢？

從我自身的實踐和眾多的教學案例發現，通過這套記憶訓練，記憶效率確實可以得到非常明顯的提高，但記憶力本身並沒有提高！打個比方說，你現在要從桂林去北京，你可以選擇步行去，也可以選擇坐飛機去。坐飛機的速度確實明顯提高了，但是你步行的速度不會變，還是原來那個速度，本身並沒有提高。

儘管如此，我要告訴你的是，這本書你仍然要認真、仔細地閱讀每一個字，因為這裏面介紹的都是全世界最頂尖的記憶大師們在幕後訓練記憶力的方法，簡潔而有效，也是我多年來教學實踐的總結精華。

更重要的是，它雖然沒有提高你的記憶力，但對你的注意力、想像力和創造力的開發有着巨大的幫助，對我們當前整個社會的教育模式起着一種變革式的推動作用，對我們個人來說也是收穫受益終身的人生財富。

拿我自己打個比方：

首先就我的注意力來說，以前我是個很容易受人干擾的人，非常容易分心，現在我有着非常強的抗干擾能力，在嘈雜的環境下我依然能夠靜下心來學習，並且能很明確地知道自己想要甚麼，能專注於我想要的事物上。知道自己是誰、知道自己想要甚麼，這一點就非常難得，因為並不是每個人都很清楚這一點。

其次，從想像力方面來說，以前我是個呆若木雞的人，毫無想像力可言，經常為寫作文犯愁，2003年高考那麼重要的時刻，我的作文都是像擠牙膏一樣擠出來的。

最後是創造力方面。我喜歡寫詩，現在我的微信朋友圈已經發佈了不少文章。通過想像力訓練我已經創作了大量詩歌，寫出幾十萬字的小說也不在話下，而這在以前簡直是比登天還難。

就這三方面來講，這套記憶訓練系統對我個人而言已是無價。相對於西方教育來說，中國學生在注意力、想像力和創造力方面缺失得非常嚴重，這方面的訓練能改善這些缺失。

好了，接下來在這本書中，我將會向讀者朋友們介紹怎樣有趣又實用的內容呢？

我會介紹聯想訓練、數字訓練、撲克牌訓練、數字密碼和記憶宮殿等內容。這些內容在記憶力訓練課程中已經比較常見了，為甚麼我還要介紹

呢？有3個原因：

第一，中國有13億多人口，能真正接觸到這些記憶方法的還只是少數，這些內容對絕大部分人來說仍然是新鮮的。再者，儘管市面上有很多類似的書籍，但真正有深度有見地的並不多。

第二，實踐出真知，這裏融入了我多年的教學心得，以及我個人獨特的理念和體悟。

第三，在我看來這部分基礎訓練恰恰是整個記憶訓練體系中最重要、最經典的部分，很多人卻忽略了其重要性，而在其他的外圍遊離。

同時，在我教學的過程中，有很多人經常問我英語單詞該怎麼記，我在本書中也會簡略地介紹一些單詞記憶的方法，但是這些方法並不適合所有人。如果你已經有了很好的英語基礎，不建議你使用此方法，只是對於那些困惑於單詞記憶的人，希望能略有啟發。

閱讀指南

如果你想在本書中有更多收穫，請按照以下方式閱讀：

☆ 不要跳讀，因為本書所有的環節都有內在的邏輯關係，相輔相成，
　環環相扣，打好前面的基礎才能建起高樓。

☆ 訓練，訓練，認真訓練每一個小節！不要停留在知道層面，否則當
　你合上這本書的那一刻會發現自己仍然一無所獲。

☆ 樂於分享。如果這本書對你有幫助，也一定對別人有幫助，讓自己
　進步最快的方式就是：當別人的老師！

☆ 建立能量圈。在自己周圍建立一個同頻的記憶圈，經常交流，相互
　學習，你的收穫將會更多。《道德經》言：「既以為人，己愈有；
　既以與人，己愈多。」確實是至理名言啊！

Contents

目錄

Chapter 7　一起進軍世界腦力錦標賽

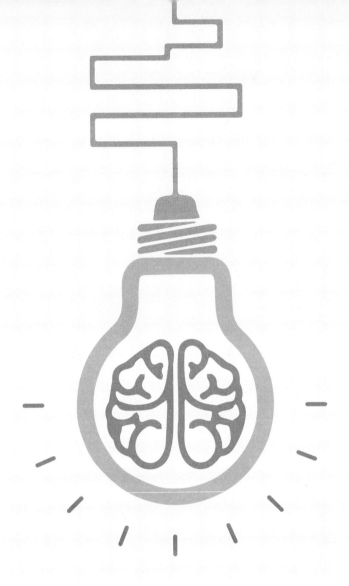

Chapter 1

是甚麼阻礙你擁有超強大腦

影響大腦高效運轉的四大隱形殺手

經常會有學員問我，老師，記憶力是天生的還是後天的？據我所知，好記憶確實是天生的，不過通過後天的訓練卻可以獲得驚人的提升。另外，還有一些非常重要的因素也會對你的記憶力造成巨大的影響，那是甚麼呢？讓我們一起來看看。

到底是甚麼在扼殺你的驚人才能？

你是否感覺你的大腦愈來愈不靈了？

你是否感覺做事千頭萬緒無從下手？

你是否感覺效率愈來愈低了？

殊不知：四大隱形殺手正在影響你大腦的高效運轉！

接下來，就讓我為你一一破解。

殺手之一 無節奏的飲食

飲食上要注意：

- 規律性；

- 以綠色和五穀為主。

人體是宇宙間一部無比精妙的機器，規律性的飲食，實際上就是這部機器的節奏，只有保持節奏，才有高效率。很多人完全打亂了生物鐘，該吃早點時不吃，午飯當早點吃，晚餐當午飯吃，讓腸胃在需要休息的時候

拼命地工作起來，打亂了人體的節奏。

　　我們要儘量做到，該吃的時候吃好，不該吃的時候不吃。食物以清、素、綠色為主。喬布斯就是一個素食主義者，他頭腦輕靈、思維敏銳，擁有洞悉商業與人性、改變世界的創新能量。

　　我還記得2011年參加中國腦力選拔賽的一次經歷，現在回想起來都倒抽一口涼氣，因為那次我差點無法入圍世界賽。緣由是比賽當天來了一位朋友，一高興請我吃了一頓大餐，吃下油膩的食物後，到了比賽現場我就感覺思維呆滯，反應遲緩，所以很多項目比得一塌糊塗。

　　從那以後，我才知道葷腥食物會對人的大腦思維有很大的影響，所以平時我儘量以清淡的素食為主，幾乎不吃零食，不過偶爾會吃些水果。

　　這裏提供一些健腦的食物：核桃仁、大棗、葵花子、銀耳、蓮子、黑芝麻、桂圓、黃豆、花生、雞蛋、牛奶、動物肝、動物腦、新鮮蔬菜、水果等。

　　凡含有蛋白質、維生素、氨基酸及鈣、磷、鐵、鋅、鉻等元素的食物，都有預防腦細胞衰老和增強記憶力的作用。

　　不過也不要刻意去補，只要吃好一日三餐，不挑不偏，多食清素和五穀雜糧就可以了。

殺手之二　忽視運動和睡眠

　　思維與身體實際上是互為一體的。鍛煉身體有助於思維靈活，訓練思維有助於身體健康。

　　適當的運動非常重要，當然過度的運動則會對身體造成損害（勞累過度息）。

訓練身體，可刺激神經，調促血液，開發身體潛能。金庸小説中的武林高手個個都有過目不忘、匪夷所思的神奇本領。

還有，睡眠——合理的睡眠時間也是非常重要的一個因素。

現在熬夜的人群比較普遍。有的同學學到凌晨一兩點，看似很珍惜時間非常用功，其實得不償失。因為第二天可能一覺睡到10點，上午半天的時間幾乎浪費掉，下午精神不振，導致效率低下，晚上繼續熬夜，形成一系列的惡性循環。

研究發現，晚上11點到凌晨1點，是人體膽經當值，膽主生髮的時候，如還在工作，長期熬夜的話，肝膽不能進行正常的運作，將會對身體造成極大的損害。再者，此時外界陰氣最重，應注意陰陽平衡，進入休息狀態避免陰氣入侵。

我記得小時候，人們一般晚上八九點就休息了，清晨五六點起來，呼吸新鮮空氣，一天的精力都非常旺盛。

我經常跟我的學員説：休息是為了更好地戰鬥。

—— 殺手之三　缺乏好的心態 ——

陽光般的心態：積極、勇敢、真誠、坦然、身心合一。

世間事物沒有絕對的好壞，塞翁失馬焉知非福。宇宙是一個大太極，是陰陽互轉、矛盾而統一的存在，有壞的一面，就必有好的一面，凡事都要向好的一面思考，一切都是最好的安排。

其實，最慘的失敗、挫折和挑戰，往往蘊藏着最大的成功、機遇和希望。

一個60歲的中老年人預感大限將近，開始準備後事，便不久於人世。

一個100歲的老人仍然壯志未泯，開始登臨高峰，生氣勃勃。

前段時間，我從網上看到一個103歲的巴西老太太進行了一次有史以來最高齡的高空跳傘，多麼振奮人心……

有怎樣的心態，決定你擁有怎樣的世界。

一切不朽的創造、偉大的成就，都是心靈外現的產物。

心態，對一個人的思維、對一個人的成功至關重要！

—— 殺手之四　缺乏科學的訓練 ——

你相信嗎？笨蛋真的是笨死的！

這要從大腦的生理功能説起。我們的大腦內部實際上是一些突觸的網狀結構，奇妙的是這些突觸物是具有生物活性的，一旦受到外界信息的刺激就會生長，然後互相連接。如果沒有信號刺激，這些突觸物又會萎縮（建議讀者抽時間看一些有關人類大腦的科教讀物）。

有人總不思考，導致大腦神經萎縮，以致愈來愈笨，最後大腦失去了基本的功能。這就好比一艘大船，船長死了，大船就開動不了。身體就是一艘大船，大腦是整個樞紐中心，一旦基本功能喪失，自然會走向滅亡。或者好比一棵大樹，樹根一旦失去了吸收養分的功能，整棵大樹只能枯死。

我們會發現，住在大山裏的人都比較淳樸簡單，因為他們與外界隔絕了，大腦受到的信號刺激很有限。如果你想變得簡單點，就跑進大山裏去待待，待久了，你就真的開始變呆了。

一心只讀自己書的人一定要小心，不要把自己讀成了書呆子，有一段時間，我就快變成書呆子了。所以讀萬卷書，不如行萬裏路！

研究表明，人類大腦具有無限潛能。大腦的容量是世界上最大圖書館（美國國會圖書館）容量的50倍，即5億冊圖書的容量，只要開發出50%的潛能，就能輕易拿下12個博士學位，掌握40種不同國家的語言。大腦的靈活度也隨着使用的頻率而增長，也就是愈用愈靈活。

同時研究發現，大腦靈活的人壽命都比較長。如大部分的科學家、藝術家壽命都比較長。科學家大腦的思維活動主要使用左腦。藝術家大腦的思維活動主要使用右腦。

研究表明，如果一個人大腦的思維活動長期局限在某一個半球，將會導致某種性格傾向，如：嚴肅、狹隘、極端、頑固。比如，英國偉大的科學家牛頓，以及美國發明家愛迪生，到了晚年就非常頑固，容不下其他新思想的出現！而一些藝術家則會走向瘋狂的極端，比如海明威、梵高、拜倫。

長期的教學實踐讓我發現了一個驚人的事實：經過系統的思維訓練，學文的人會變成天才，學理的人會變成超級天才！為甚麼會出現這種現象呢？

經過總結，我明白了其中的原理：學文的人無形中就在使用右腦，通過訓練，讓他更有意識、更系統地對右腦潛能進行開發和利用，因而威力就更加巨大；而學理的人平時主要使用左腦，通過訓練對其右腦進行開發，左右腦一結合自然爆發出驚人的能量。毫無疑問，愛因斯坦就是一個左右腦並用的超級天才。

所以，對大腦進行科學的思維訓練，尤為重要！想像力和創造力，將是一生中最重要的財富！

那麼，如何對大腦進行科學的訓練呢？很多人也在訓練記憶力，但始終無法突破，原因何在？

殊不知，他們忽略了五項最基本的系統訓練（將在後面章節中做詳細介紹）！離開這五項基本的訓練，其他都是徒勞的，就像高樓脫離了地基，便都是空談一樣。

在下面的分享中，我將徹底打開你想像的閘門，釋放你無窮無盡的想像，讓其如咆哮的洪水般洶湧而出，讓你看到一個瑰麗多彩、神奇無比的童話王國，並且你將主宰這個王國，任何不可思議的劇情都由你來編排。

現在我們就開始吧！

影響大腦高效運轉的四大隱形殺手：

☆ 無節奏的飲食 （規律性、以綠色和五穀為主）。

☆ 忽視運動和睡眠（休息好之後，讓自己動起來）。

☆ 缺乏陽光的心態（積極勇敢地面對一切）。

☆ 缺乏科學的訓練（大腦愈用愈靈活）。

一個關於記憶力的離奇故事

在開始我們這次奇妙旅程之前先來給你講一個離奇的故事，用心聽哦，因為你長這麼大，可能是第一次聽到這樣的故事！請先準備好紙和筆，因為這個故事會給你帶來很多疑問或啟發。先把疑問寫下來自己思考，有些問題也可能在我們學習的過程中自然而然就迎刃而解了。

這個故事的名字叫作：三個獵人奇遇記。

在遙遠的非洲有三個部落，每個部落中都有一個非常厲害的獵人，有一天，這三個獵人相約一起去森林打獵，聽好，重點來了，有兩個獵人沒有帶槍，第三個獵人根本就不會使用槍。他們就在森林裏走啊走啊，走了很久，天慢慢黑下來了，他們又餓又累，隱隱約約看見前面的草叢中有兩隻雪白的兔子，突然「砰」的一聲槍響了，一隻中彈的兔子拼命地逃跑了，另一隻沒中彈的兔子卻倒下了，這三個獵人非常高興，跑過去撿起那隻沒中彈的兔子。但他們沒有鍋具，於是他們提着兔子繼續向前走。走啊走啊，走了很久，來到了一座沒有門、沒有窗也沒有牆壁和屋頂的屋子前面。他們大聲喊了三聲叫出了屋主人，對他說：「嗨，老兄，我們這裏有一隻兔子，想跟你借一口鍋，可以嗎？」這個古怪主人說：「我這裏有兩口鍋，一口大鍋，是沒有底的，另一口鍋有底，但是非常小，跟我的眼珠差不多，你們用哪口鍋呢？」三個獵人看了看，想了想，比了比，最後說：「那我們就用這口大鍋吧。」於是，他們就跟屋主人一起吃到了香噴噴的烤兔肉，最後還喝到了非常鮮美的湯！

好，故事到此結束。

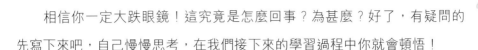

相信你一定大跌眼鏡！這究竟是怎麼回事？為甚麼？好了，有疑問的先寫下來吧，自己慢慢思考，在我們接下來的學習過程中你就會頓悟！

三分鐘時間，先把你想到的問題寫下來吧：

問題1：_____

問題2：_____

問題3：_____

問題4：_____

問題5：_____

問題6：_____

……

接下來有兩個非常重要的觀念告訴你，請你一定要牢牢地把它們記在心裏，因為實在是太重要了！它們會徹底顛覆你以前的思維。

觀念一　頭腦中無所不能

我們的大腦是非常神奇的，每個人與生俱來就擁有巨大的想像能力。無論現實世界中多麼遙不可及，在我們的頭腦中卻只是一瞬間的事。

在我們的大腦中，藍天可以變成綠色的，大地可以是金黃色，海洋上可以漂滿星星和鑽石，小小的螞蟻可以巨如泰山，雄偉的長城也可以瞬間扭動變成蒼龍……你從未見過外星人，但你一抬頭，一個外星人已經站在你的面前，還在跟你打招呼……你剛種下一顆種子，這顆種子就在你眼前紮根發芽，冒出地面，愈長愈大，開花結果……

我們的大腦就是這樣神奇，只要你敢想，它就無所不能，精彩由你創造。所以從現在開始，打破一切常規吧！不要讓任何規則束縛你狂野的想像力。

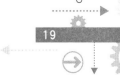

───── 觀念二　有效果比有道理更重要 ─────

我們在學習的時候，一定要緊緊地盯住效果。有的同學非常用功，但效果卻很不理想。這就要反思我們學習的方式是不是有問題，是不是需要調整，而不是一味地用功努力就可以了！

那麼，到底怎樣學習才真正有效呢？這就要從我們大腦的特性入手。

我們會發現，那些習以為常、司空見慣的事物，大腦是不感興趣的，而那些誇張的、離奇的、古怪的、搞笑的、反常的、不符合邏輯的、具有深刻體驗的一些事物往往會讓我們記憶深刻、難以忘懷。比如說，如來佛的大手壓住孫悟空的畫面、「911事件」中燃燒着滾滾濃煙的巨樓倒塌的畫面、《白蛇傳》中水漫金山的畫面、葫蘆娃與蛇精搏鬥的畫面……

掌握了大腦的這個特性，我們就要順應它的特性，這樣會收到意想不到的效果。所以記憶和想像的時候，盡可能誇張，盡可能離奇，愈誇張、愈離奇、愈古怪、愈搞笑，記憶效果會愈好。

小的可以變大，大的可以變小；少的可以變多，多的可以變少；高的可以變矮，矮的可以變高；白的可以變黑，黑的可以變白；遠的可以變近，近的可以變遠……無所不用其極！

接下來，就讓我們走進記憶之門，盡情釋放你的想像吧！

現在我們再來回顧一下這兩個重要的觀念。這兩個觀念將是我們攻破記憶訓練的一大利器，有了它們，我們便可以在下面的訓練中達到勢如破竹、一日千里的成效。

☆ 頭腦中無所不能。

☆ 有效果比有道理更重要。

Chapter 2

打開高效記憶之門

高效記憶的本質是圖像

在學習科學的記憶之前，首先要對大腦進行科學的認識。先來看一幅大腦的分工圖。

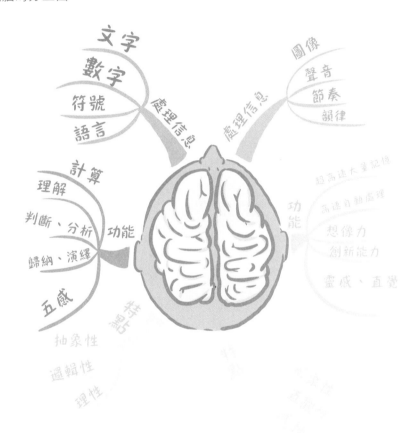

從這幅大腦的分工圖上，我們只要看出最重要的一點就好了，那就是：圖像！圖像！圖像！

圖像是開發大腦的最重要的手段！一幅圖勝過10000字，所以，從現在開始你必須掌握這種威力強大的圖像思維，並養成這種記憶習慣。

把看到的、聽到的、想到的、聞到的、摸到的、嚐到的都迅速變成圖像，聲音、氣味、觸感等任何東西都是可以轉換成圖像的：聽到打鳴聲，你一定能想出背後有一隻公雞；聽到嗚~嗚~地叫，你知道一定有一列火車來了；一回家就聞到滿屋飄香，你知道肯定是媽媽又做出美味的佳餚了；你閉着眼睛摸到毛茸茸的一團，那你肯定是抓住你家調皮的小狗了；如果碰到很扎手的一團，哈，對不起，有可能是你碰到刺蝟或是仙人掌了⋯⋯這些就是轉換成圖像的效果。

我在給學員上課的時候，最先要訓練他們的就是圖像轉換的能力。

想出的圖像愈清晰愈好，要綜合自己五官的感受，能看到它的樣子，聽到它的聲音，聞到它的氣味，摸到它的感覺。當你想像出來的圖像跟實物一模一樣的時候，那你的境界就非常高了。

進行圖像想像的時候最好要有足夠多的細節來幫助你記憶，例如，你閉上眼睛來想一個蘿蔔，要想清楚這個蘿蔔是甚麼顏色的，是紅色的還是白色的，帶不帶葉子，葉子是青色的還是黃色的，要看清葉子上白色的細毛毛，還要看清楚是否有根鬚，根鬚上是乾淨的還是帶着泥沙等等，要把這些細節想清楚。

我經常會給學員們做如下一組詞的訓練：

蝴蝶　蘿蔔　貓　楊梅

你也可以跟着我的引導來做一下這個訓練：請做3次深呼吸，然後放鬆全身，閉上眼睛來進行想像。

現在想像你的眼前有一塊屏幕，屏幕上出現了一群五顏六色的蝴蝶，有一隻離你最近，你能看清她飛翔的每一個動作，然後這隻蝴蝶飛過來輕輕落在你的鼻尖上，你能感覺到自己的鼻尖上癢癢的，還有她翅膀扇出來

的一股股微風，現在你要看清牠的觸鬚、眼睛，還有牠那身帶着粉末的漂亮花衣裳，這些都能看到嗎？很好，現在這隻蝴蝶飛走了。

屏幕上出現了一個蘿蔔，這個蘿蔔是甚麼顏色的，帶不帶葉子，葉子又是甚麼顏色，蘿蔔表面是否光滑，是否有根鬚和泥沙，這些都要想清楚。

好，現在蘿蔔消失了，屏幕上又出現了一隻貓，要想清楚這隻貓是甚麼顏色的，是白色的還是黑色的，還是花色的，牠出現在哪裏，是在草叢中還是在爬樹，是在噴泉旁還是在牆頭上。然後要看清貓的眼睛，並且數一數牠有幾根小鬍鬚，嗯，現在你聽到一聲貓叫，叫完牠就躥進花叢中不見了。

接着屏幕上出現了一籃子楊梅，半生不熟的，那個酸啊，現在你的嘴裏已經開始在咽口水了……

經過這樣短暫的預熱訓練，你的右腦已被激活了。

記得有一次給學員做這個訓練的時候，時間是在晚上，當我說到要看清這隻貓的眼睛的時候，有一位女同學渾身顫抖了一下。這位女同學是學畫畫的，圖像思維能力非常好，所以想像得非常逼真，我相信那隻貓的兩隻眼睛一定給她留下了深刻的印象。後來她學習非常棒，是我最優秀的學員之一。

要點：注意力=記憶力

你的注意力愈集中，你記憶的效果就會愈好！平時你擺一本書在面前，看似認真努力地在看，實際上眼前一片模糊，注意力渙散，花費了時間和精力卻甚麼也沒記住！

那麼，如何才能提高注意力？

非常簡單，提高注意力的秘訣就是：想像出圖像！圖像是有力量的，它能夠產生吸力和斥力。

如果把意念疏導在手心，手心馬上就會發熱，這就是力量。

你會發現，當你做白日夢或者浮想聯翩的時候，通常是沉浸在一些美妙的畫面之中，在裏面遊山玩水逍遙自在、甜言蜜語海誓山盟之類，這是正面的想像，產生吸力；而當你做噩夢或是走夜路的時候，你會看到很多恐怖的畫面，為之懼怕，這是負面的想像，產生斥力。

所以，要做積極、美好、正面的想像，這樣你就會願意待在裏面，並被深深地吸引。

生活是美好的，哪怕眼前困難重重，我們依然要堅信生活是美好的，依然充滿希望。這也是一種生活和人生的態度，在我們想像的世界裏更容易實現。

☆ 聲音、氣味、觸感等任何東西都可以轉換成圖像的。

☆ 進行圖像想像的時候最好要有足夠多的細節來幫助你記憶。

☆ 你的注意力愈集中，你記憶的效果就會愈好，而提高注意力的秘訣就是：想像出圖像。

聯想是高效記憶的秘訣

接下來，我要為你逐步揭開高效記憶的神秘面紗了，那麼高效記憶的秘訣到底是甚麼呢？

經過大量的研究之後，我們終於得出了結論：記憶即聯想！

通俗來講，你想記住甚麼東西，只要將其跟你熟悉的東西聯繫在一起就可以了。

現在我來舉一個例子：草原上有一頭野牛非常兇猛，跑得非常快，如果我們在地上打上一根木樁，然後用一根鐵鏈把野牛的後腿拴住，那麼不論這頭野牛多麼兇猛彪悍，牠都無法再跑掉。

好，這頭野牛就相當於我們要記憶的新知識，這根樁子就相當於我們熟悉的東西，而這根鐵鏈是甚麼呢？就是聯想，需要發揮我們強大的聯想能力。

一棟大樓要想建得非常高，甚麼最重要？當然是基石。在記憶學領域，聯想就是記憶這座大廈的基石。你的聯想力有多強，你的記憶就會有多快。換句話說，你的記憶力取決於你的聯想力。

從這裏我們可以看出，過去的一切經驗，不論成功還是失敗都將是一筆寶貴的財富，都可以派上用場，讓你不再出現知識的斷層。所以，要善於挖掘你的過去。

現在我們來做個簡單的練習，當你看到「西遊記」這三個字的時候會聯想到甚麼？

很好，你會想到孫悟空、豬八戒、唐僧、沙和尚、白龍馬、花果山、白骨精、紅孩兒、老烏龜、人參果、觀音、如來、五指山……

當你看到「〇」會聯想到甚麼？你可能會想到太陽、月亮、各種星體、呼啦圈、眼睛、頭、西瓜、車輪……

這就是聯想的威力。

☆ 你想記住甚麼東西只要將其跟你熟悉的東西聯繫在一起就可以了。

☆ 你的聯想力有多強，你的記憶就會有多快。

☆ 過去的一切經驗，不論成功還是失敗都將是一筆寶貴的財富。

連鎖故事法與圖像定位法

下面我將為你介紹中文記憶的兩大方法，所有的記憶方法歸納起來不外乎兩種：連鎖故事法和圖像定位法。

先來介紹第一種方法，進一步開發你的想像力。你會慢慢發現自己的天賦及巨大的潛能，並做到一些不可思議的事情。但是請先不要激動，慢慢往下看，並認真完成書中的每一項練習，最後你一定會為自己感到震驚！

連鎖故事法就是將資料轉化成圖像，然後像鎖鏈一樣，將圖像以故事的形式一個接一個地連接起來，那麼所有的資料都會因為這種兩兩相連的方法，而順序不混亂地被準確地記憶下來。

其規則是：

- 具體圖像
- 圖像兩兩相連
- 動漫化、趣味化
- 誇張、離奇

這種方法非常簡單。第一步把要記的資料轉化成圖像，然後用誇張的想像力把它們串聯起來。

在課堂上我經常會問我的學生兩個問題：

請問輪胎——蛇這兩個事物之間有甚麼關係？

小學生們會興致盎然，冒出各種各樣的答案，而成年人們會覺得莫名其妙、百思不得其解，認為這兩個東西之間風馬牛不相及，實在沒辦法聯

繫在一起，所以給出的都是幾個乾巴巴、毫無生命力的答案！

好，現在給你兩分鐘時間，你來思考一下這個問題，看看你的答案是甚麼。

有的人會說：「老師，輪胎的皮跟蛇的皮很像，還有，蛇盤起來像輪胎，還有，一個有生命一個沒有生命，還……」呵呵，看來智窮力竭了。很快我就會問得他啞口無言。其實我告訴你，這兩個東西之間根本沒有任何聯繫！

但是，它們之間卻又有千萬種聯繫！只要你的想像力足夠豐富！

你可以想像為一個巨大的輪胎滾過來把蛇擀成了麵；蛇吞雲吐霧似的吐出一個個着火的大輪胎；蛇耍雜技穿過一串着火的輪胎；蛇把輪胎當作呼啦圈來做運動瘦身；蛇趴在輪胎上旋着尾巴過海……其實無窮無盡呢。

我相信你找到感覺了。好，我們再來一個，請問西瓜──可樂這兩個事物之間有甚麼關係嗎？

你可以想像為切開西瓜發現裏面是一瓶可樂；西瓜藤上結出的不是西瓜而是可樂；把一瓶可樂吹成西瓜型；一個巨大的西瓜來勢兇猛地撞翻了一瓶摩天大樓那麼大的可樂……

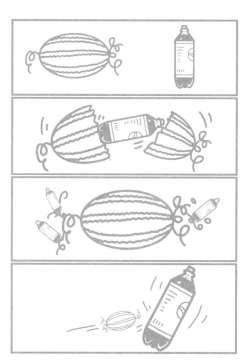

不要小看這兩個例子，其實裏面含有非常深刻的意義！

首先，它開拓了你的思維，開發了你的想像力；更重要的是，它裏面蘊藏着一個原理，叫作聯結，下次當你一看到輪胎你的腦海中馬

上就會聯想到蛇，一看到西瓜馬上就會聯想到可樂！

所以輪胎和西瓜就像兩根柱子，牢牢地綁定了後面的蛇和可樂。那麼把這個原理拓展推而廣之就是：用我們熟悉的東西去綁定陌生的東西！

比如，要記憶中國省份和對應的省會城市，運用這個方法就可以非常簡單地記憶下來。例如：

想像1：黑龍江→哈爾濱——一條黑色的龍在江邊哈了一口氣就結成了耳朵形狀的冰；

想像2：吉林→長春——吉林因為長了很多吉祥的樹木，所以經常是春天；

想像3：遼寧→瀋陽——遼寧出了個小瀋陽，小瀋陽不就是遼寧那角落的嘛！

掌握了連鎖故事法之後，現在利用這種記憶方法來做以下練習：

廣　西（南寧）

廣　東（廣州）

江　西（南昌）

青　海（西寧）

西　藏（拉薩）

新　疆（烏魯木齊）

甘　肅（蘭州）

四　川（成都）

貴　州（貴陽）

福　建（福州）

安　徽（合肥）

江　蘇（南京）

浙　江（杭州）

陝　西（西安）

海　南（海口）

台　灣　（台北）

甯　夏　（銀川）

內蒙古　（呼和浩特）

黑龍江　（哈爾濱）

吉　林　（長春）

遼　甯　（瀋陽）

河　北　（石家莊）

河　南　（鄭州）

山　西　（太原）

山　東　（濟南）

湖　北　（武漢）

湖　南　（長沙）

雲　南　（昆明）

很簡單吧！現在來進行檢驗一下：

廣　西　（　　　　　）

廣　東　（　　　　　）

江　西　（　　　　　）

福　建　（　　　　　）

安　徽　（　　　　　）

江　蘇　（　　　　　）

黑龍江　（　　　　　）

吉　林　（　　　　　）

遼　寧　（　　　　　）

青　海　（　　　　　）

西　藏　（　　　　　）

新　疆　（　　　　　）

甘　肅　（　　　　　）

四　川（　　　）
貴　州（　　　）
浙　江（　　　）
陝　西（　　　）
海　南（　　　）
台　灣（　　　）
甯　夏（　　　）
內蒙古（　　　）
河　北（　　　）
河　南（　　　）
山　西（　　　）
山　東（　　　）
湖　北（　　　）
湖　南（　　　）
雲　南（　　　）

☆ 所謂記憶術就是創造聯結的藝術。

☆ 高效記憶的核心：聯想、聯結、有效果。

☆ 聯想幫助你開發右腦，聯結是記得牢固的不二
　　法門。

高效記憶的初步練習

現在利用這些策略性的理念作為指導，我們從兩個詞語開始做基礎性的練習，很快你就會發現自己的神奇變化，並為自己感到驚訝。下面是五組詞語，每一組你都要在盡可能短的時間內想出盡可能多的聯結方式，現在提高你的專注力，拿上秒表計時開始：

山巔——鑰匙

1.＿＿＿＿＿＿＿＿＿＿＿＿＿＿＿＿＿＿＿＿

2.＿＿＿＿＿＿＿＿＿＿＿＿＿＿＿＿＿＿＿＿

3.＿＿＿＿＿＿＿＿＿＿＿＿＿＿＿＿＿＿＿＿

4.＿＿＿＿＿＿＿＿＿＿＿＿＿＿＿＿＿＿＿＿

5.＿＿＿＿＿＿＿＿＿＿＿＿＿＿＿＿＿＿＿＿

鑰匙——鸚鵡

1.＿＿＿＿＿＿＿＿＿＿＿＿＿＿＿＿＿＿＿＿

2.＿＿＿＿＿＿＿＿＿＿＿＿＿＿＿＿＿＿＿＿

3.＿＿＿＿＿＿＿＿＿＿＿＿＿＿＿＿＿＿＿＿

4.＿＿＿＿＿＿＿＿＿＿＿＿＿＿＿＿＿＿＿＿

5.＿＿＿＿＿＿＿＿＿＿＿＿＿＿＿＿＿＿＿＿

鸚鵡——球兒

1.＿＿＿＿＿＿＿＿＿＿＿＿＿＿＿＿＿＿＿＿

2._____

3._____

4._____

5._____

球兒——尿壺

1._____

2._____

3._____

4._____

5._____

尿壺——山虎

1._____

2._____

3._____

4._____

5._____

怎麼樣，沒甚麼難度吧？我們可以放開膽量去聯想。

舉例1：山巔像火山一樣噴出了一把巨大的鑰匙；

　　　　山巔裂開蹦出一把金鑰匙；

　　　　山巔崩塌了現出了一把鑰匙；

　　　　山巔倒下來砸到了一把鑰匙；

　　　　山巔上像刺蝟似的插滿了鑰匙；

　　　　……

舉例2：鑰匙從天而降砸到了鸚鵡頭上；

鑰匙掛在鸚鵡脖子上；

鑰匙像箭一樣射中鸚鵡胸膛；

鑰匙被鸚鵡叼在嘴裏；

鑰匙像蜜蜂一樣繞着鸚鵡飛來飛去；

……

舉例3：鸚鵡踩着一個球兒；

鸚鵡吐出一個球兒；

鸚鵡生出了一個球兒；

鸚鵡掉出了眼球兒；

鸚鵡翅膀下夾着一個球兒；

……

舉例4：球兒撞翻了尿壺；

球兒滾進了尿壺；

球兒張開大嘴吃掉了尿壺；

球兒一腳踢飛了尿壺；

球兒對着尿壺大喊大叫；

……

舉例5：尿壺砸到了山虎的頭；

尿壺跟山虎親了一口；

尿壺澆得山虎渾身濕透；

尿壺套在山虎腳上；

尿壺鑽進山虎的嘴巴裏；

……

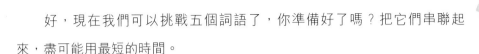

好，現在我們可以挑戰五個詞語了，你準備好了嗎？把它們串聯起來，盡可能用最短的時間。

例1：山虎——芭蕉——氣球——扇兒——婦女

舉例1：山虎剝開一個大芭蕉，裏面飛出一個紅色的大氣球，氣球上掉下一把扇兒砸到了一個婦女頭上。

現在根據圖像回想一遍：山虎剝開了一個甚麼？芭蕉。芭蕉裏面飛出一個甚麼？氣球。氣球上掉下一把甚麼？扇兒。扇兒砸到了誰？婦女。

然後我們可以根據圖像倒着回憶一遍：最後一個是婦女被甚麼砸到了？扇子。扇子是從哪裏掉下來的？氣球。氣球又是從哪裏飛出來的？芭蕉。芭蕉是誰剝開的？山虎。

非常棒，現在你可以把第一組詞語倒背如流了！

例2：婦女——飼料——河流——石山——婦女

舉例2：婦女不吃飯，在大口大口地吃飼料，飼料不好吃就倒進了河流，河流非常兇猛地沖刷着石山，石山的山頂上坐着另一個婦女。

現在自己根據圖像回想一遍，然後試着倒背如流。

可能你會覺得奇怪，怎麼都是婦女啊、扇兒啊、氣球啊之類的，我是刻意這樣安排的，為了給你一個驚喜，你一定會大吃一驚！

現在我們來一個飛躍，突破20個詞語，你敢不敢挑戰一下自己？

例：婦女　扇兒　氣球　武林　惡霸　巴士　藥酒　雞翼　太極　三角

　　舊傘　積木　棒球　尾巴　香煙　舊旗　濕狗　蛇　五角星　和尚

3分鐘時間，挑戰開始！

寫出你的想像：＿＿＿＿＿＿＿＿＿＿＿＿＿＿＿＿＿＿＿＿＿＿

＿＿＿＿＿＿＿＿＿＿＿＿＿＿＿＿＿＿＿＿＿＿＿＿＿＿＿＿＿＿

＿＿＿＿＿＿＿＿＿＿＿＿＿＿＿＿＿＿＿＿＿＿＿＿＿＿＿＿＿＿

＿＿＿＿＿＿＿＿＿＿＿＿＿＿＿＿＿＿＿＿＿＿＿＿＿＿＿＿＿＿

舉例：婦女拿着扇兒拍破了氣球，裏面蹦出一個武林中人，武林中人追殺惡霸，惡霸開着巴士逃跑，巴士上裝着一車藥酒，藥酒裏泡着雞翼，雞翼是活的，打出一個個太極拳，太極拳打中了一個巨大的三角尺，三角尺彈在一把舊傘上，舊傘撐在一堆積木裏，積木下面全是雪白的棒球，棒球飛起來砸中松鼠的尾巴，松鼠在抽香煙，香煙點着了舊旗，舊旗着火，濕狗來救，濕狗的一隻腳上纏着一條蛇，蛇的尾巴上甩出一個五角星去暗殺和尚。

回想一遍，再倒背如流！

現在這裏有20個詞語，完全交給你自己來練習：

五角星　和尚　令旗　白蟻　螺絲　手槍　惡霸　牛兒　籬笆　舅舅
八路　惡霸　凳子　絲瓜　二胡　三絲　鱷魚　儀器　手槍　氣球

寫出你的想像：＿＿＿＿＿＿＿＿＿＿＿＿＿＿＿＿＿＿

＿＿＿＿＿＿＿＿＿＿＿＿＿＿＿＿＿＿＿＿＿＿＿＿＿

＿＿＿＿＿＿＿＿＿＿＿＿＿＿＿＿＿＿＿＿＿＿＿＿＿

相信通過這些練習，你的思路已經被完全打開了，並且已經找到了很大的自信。

現在我們把這些記過的詞語從頭到尾再串聯一遍，你就會感到驚訝了。

山巔　鑰匙　鸚鵡　球兒　尿壺　山虎　芭蕉　氣球　扇兒
婦女　飼料　河流　石山　婦女　扇兒　氣球　武林　惡霸
巴士　藥酒　雞翼　太極　三角　舊傘　積木　棒球　尾巴
香煙　舊旗　濕狗　蛇　五角星　和尚　令旗　白蟻　螺絲
手槍　惡霸　牛兒　籬笆　舅舅　八路　惡霸　凳子　絲瓜
二胡　三絲　鱷魚　儀器　手槍　氣球

這裏的51個詞語你已經可以做到倒背如流了，是不是很不可思議？這樣的聯想練習可以隨時隨地，不受任何限制的去做。把聯想當成一種習慣，你很快就會發現自己驚人的記憶能力。

現在我要告訴你的是，你在把這51個詞語做到倒背如流的同時也完成了另一件更加驚人的事，你已經把圓周率前100位數字做到了倒背如流，不敢相信是嗎？我們來把詞語還原成數字。

山巔是3點，鑰匙諧音成14，鸚鵡諧音成15，球兒諧音成92，

尿壺諧音成65，山虎諧音成35，芭蕉諧音成89，氣球諧音成79，

扇兒諧音成32，婦女是數字38，飼料諧音成46，河流諧音成26，

石山諧音成43，婦女是數字38，扇兒諧音成32，氣球諧音成79，

武林是數字50，惡霸諧音成28，巴士諧音成84，藥酒諧音成19，

雞翼諧音成71，太極像數字69，三角是諧音39，舊傘諧音成93，

積木諧音成75，棒球是數字10，尾巴諧音成58，香煙是20根，

舊旗諧音成97，濕狗諧音成49，蛇聲音像44，五角星是數字59，

和尚諧音成23，令旗諧音成07，白蟻諧音成81，螺絲諧音成64，

手槍是06（6發子彈），惡霸諧音成28，牛兒諧音成62，籬笆是08，

舅舅諧音成99，八路諧音成86，惡霸諧音成28，凳子是03（3條腿），

絲瓜諧音成48，二胡諧音成25，三絲諧音成34，鱷魚諧音成21，

儀器諧音成17，手槍是06，氣球諧音成79。

圓周率前100位：

3.1415926535 8979323846 2643383279 5028841971 6939937510 5820974944 5923078164 0628620899 8628034825 3421170679。

中國有位非常著名的橋樑專家、數學家茅以升，他花了三個月時間才把圓周率100位背下來，現在你連三天都不需要！

有的人會問：背下圓周率有甚麼用？你是否也會有這樣的疑問呢？我要告訴你：作用可大着呢！

第一，如果別人連10位都背不出來，而你能很輕鬆地將100位倒背如流，跟他相比你會不會更有自信？

第二，圓周率能打通你長期記憶的開關！我們記憶速度最快的學員背誦圓周率只需要8秒鐘，當達到這個速度的時候，你的潛意識記憶將被打通，長期記憶會被連接上，你會發現背誦其他的詩文、單詞等速度都會加快！和尚的記憶力一般都比較好，為甚麼？因為他們天天都在念經，潛意識記憶的通路非常順暢。

所以挑戰自己吧，把圓周率背得滾瓜爛熟，然後去跟你的朋友們分享你的成長和喜悅。獨樂樂不如眾樂樂，你可以嘗試用自己的方式把他們教會，這會讓你成長得更快。

練習1：記憶以下地名。

葡萄牙　阿拉斯加　約旦　新加坡　太平洋　日本　瑞典　墨西哥

俄羅斯　菲律賓　珠穆朗瑪峰　新西蘭　緬甸　剛果　巴黎　阿富汗

伊拉克　阿拉伯　夏威夷　華盛頓　耶路撒冷　喜馬拉雅山　巴基斯坦

寫出你的想像：＿＿＿＿＿＿＿＿＿＿＿＿＿＿＿＿＿＿＿＿＿＿＿

＿＿＿＿＿＿＿＿＿＿＿＿＿＿＿＿＿＿＿＿＿＿＿＿＿＿＿＿＿＿＿

＿＿＿＿＿＿＿＿＿＿＿＿＿＿＿＿＿＿＿＿＿＿＿＿＿＿＿＿＿＿＿

舉例：

每天早上刷過葡萄牙，再喝點阿拉斯加粥，吃兩個藥蛋（「約旦」諧音記憶，下同），然後去爬爬新加坡，賞賞太平陽（太平洋）。

上午翻翻日本，查查瑞典，聽聽墨西歌（墨西哥）。

中午吃吃餓螺絲（俄羅斯），外加菲律冰（菲律賓），下午吹吹珠穆朗瑪風（珠穆朗瑪峰），帶上新西籃（新西蘭），逛逛緬店（緬甸），買點剛果，稱點巴梨（巴黎）。

晚上累得一身阿富汗，還得去上伊拉課（伊拉克）。

不過週末可以走訪阿拉伯，看望夏威姨（夏威夷），順便吃上一頓華盛頓。

別得意，提醒下，天已耶路撒冷，注意多穿點喜馬拉雅衫（喜馬拉雅山），晚上睡覺最好墊上巴基斯毯（巴基斯坦），祝你學習愉快！

練習2：記憶浙江十大名勝古跡。

1.西湖　　　2.普陀山　　　3.天台山　　　4.樂清北雁蕩山

5.莫干山　　　6.嘉興南湖　　　7.桐廬瑤琳仙境

8.永嘉楠溪江　　　9.天目山　　　10.錢塘江

寫出你的想像：＿＿＿＿＿＿＿＿＿＿＿＿＿＿＿＿＿＿＿＿＿

＿＿＿＿＿＿＿＿＿＿＿＿＿＿＿＿＿＿＿＿＿＿＿＿＿＿＿＿＿

＿＿＿＿＿＿＿＿＿＿＿＿＿＿＿＿＿＿＿＿＿＿＿＿＿＿＿＿＿

練習3：記憶中國「二十四史」。

《史記》　　《漢書》　　《後漢書》　　《三國志》　　《晉書》

《宋書》　　《南齊書》　　《梁書》　　《陳書》　　《魏書》

《北齊書》　　《周書》　　《隋書》　　《南史》　　《北史》

《舊唐書》　　《新唐書》　　《舊五代史》　　《新五代史》

《宋史》　　《遼史》　　《金史》　　《元史》　　《明史》

寫出你的想像：＿＿＿＿＿＿＿＿＿＿＿＿＿＿＿＿＿＿＿＿＿

＿＿＿＿＿＿＿＿＿＿＿＿＿＿＿＿＿＿＿＿＿＿＿＿＿＿＿＿＿

＿＿＿＿＿＿＿＿＿＿＿＿＿＿＿＿＿＿＿＿＿＿＿＿＿＿＿＿＿

練習4：記憶中國56個民族名稱。

1.漢族	2.蒙古族	3.回族	4.苗族
5.傣族	6.傈僳族	7.藏族	8.壯族
9.朝鮮族	10.高山族	11.納西族	12.布朗族
13.阿昌族	14.怒族	15.鄂溫克族	16.鄂倫春族
17.赫哲族	18.門巴族	19.白族	20.保安族
21.布依族	22.達斡爾族	23.德昂族	24.東鄉族

25.侗族	26.獨龍族	27.俄羅斯族	28.哈尼族
29.哈薩克族	30.基諾族	31.京族	32.景頗族
33.柯爾克孜族	34.拉祜族	35.黎族	36.佘族
37.珞巴族	38.滿族	39.毛南族	40.仫佬族
41.普米族	42.羌族	43.撒拉族	44.水族
45.塔吉克族	46.塔塔爾族	47.土家族	48.仡佬族
49.土族	50.佤族	51.維吾爾族	52.烏孜別克族
53.錫伯族	54.瑤族	55.裕固族	56.彝族

寫出你的想像：＿＿＿＿＿＿＿＿＿＿＿＿＿＿＿＿＿＿＿＿

＿＿＿＿＿＿＿＿＿＿＿＿＿＿＿＿＿＿＿＿＿＿＿＿＿＿

＿＿＿＿＿＿＿＿＿＿＿＿＿＿＿＿＿＿＿＿＿＿＿＿＿＿

☆ 牢記本節的51個詞語就相當於記住了圓周率前
100位。

☆ 背下圓周率前100位能讓你學習更有信心。

☆ 圓周率能打通長期記憶的開關。

抽象信息的轉換

以上講的都是非常形象的詞語，很容易轉化成圖像，但是在我們學習的過程中也會遇到很多抽象的詞語，怎麼辦呢？同樣也有方法進行轉化，例如：

1. 倒字法： 雪白→白雪
   金黃→黃金
2. 諧音法： 文化→聞花
   高尚→高山
3. 替代法： 沖天→火箭
   詩人→李白
4. 增減字： 生命→生命1號
   原始→原始人
5. 創新定義：開懷→把懷抱打開
   關心→把心關起來

這5種方法要學會靈活運用，當然，這些都是技巧，屬「術」，學習的最高境界就是忘掉所有的技巧，而把握核心的「道」，那麼這裏的「道」是甚麼呢？

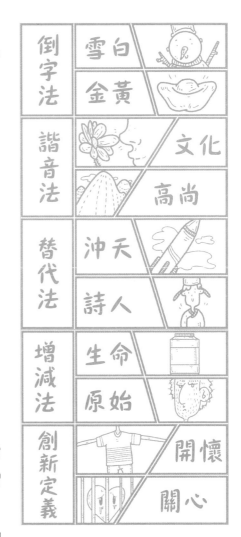

「道」就是：化抽象為形象。

我們只需要根據「第一印象」就可進行記憶。那麼甚麼是第一印象呢？就是當看到需要記憶的材料時，大腦不假思索就能冒出一個形象的物質出來跟它對應，這個形象的物質就是第一印象。

比如看到詞語「紅撲撲」，你就會想到蘋果，或者太陽、臉蛋、辣椒、雞冠、葡萄；看到詞語「藍色」，你就會想到天空，或者大海、幕布……

總之，要學會把握第一印象，這就是化抽象為形象的關鍵技巧！

下面有一些詞語，請根據第一印象寫出你轉換的詞語。

開發＿＿＿＿＿＿＿＿＿＿＿＿

健身＿＿＿＿＿＿＿＿＿＿＿＿

堅決＿＿＿＿＿＿＿＿＿＿＿＿

可愛＿＿＿＿＿＿＿＿＿＿＿＿

終於＿＿＿＿＿＿＿＿＿＿＿＿

平行＿＿＿＿＿＿＿＿＿＿＿＿

股權＿＿＿＿＿＿＿＿＿＿＿＿

考查＿＿＿＿＿＿＿＿＿＿＿＿

遠大＿＿＿＿＿＿＿＿＿＿＿＿

和諧＿＿＿＿＿＿＿＿＿＿＿＿

神奇＿＿＿＿＿＿＿＿＿＿＿＿

時辰＿＿＿＿＿＿＿＿＿＿＿＿

市場＿＿＿＿＿＿＿＿＿＿＿＿

機器＿＿＿＿＿＿＿＿＿＿＿＿

飛升＿＿＿＿＿＿＿＿＿＿＿＿

領袖＿＿＿＿＿＿＿＿＿＿＿＿

採摘_____

智能_____

煽動_____

見地_____

除此之外，你還可以取出課本或其他書籍進行將抽象詞轉化為形象詞的專項訓練。

☆ 高效記憶法的核心是化抽象為形象。

☆ 抽象詞匯轉化成形象詞匯的方法有五種：倒字法、諧音法、替代法、增減字和創新定義。

☆ 把握第一印象是化抽象為形象的關鍵技巧。

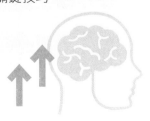

怎樣才能減緩遺忘

　　再優秀的大腦都會遺忘，這是自然的法則。如何來減緩遺忘的速度呢？這裏到底隱藏着甚麼秘密呢？

　　早在19世紀，德國的心理學家艾賓浩斯（Hermann Ebbinghaus）就對此做了深入的研究，下圖是非常着名的艾賓浩斯遺忘曲線（Forgetting curve）：

記憶的數量（百分數）

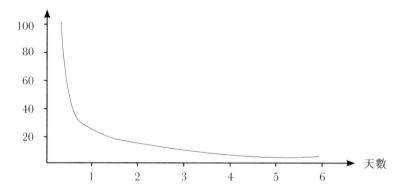

　　通過這條曲線，我們發現了一個規律，學習任何新的東西，在開始的時候遺忘速度是非常快的，然後慢慢減緩下來。即存在「先快後慢」的遺忘現象，如果我們想要減緩遺忘，就要反其道而行之，即複習的頻率要「先緊後疏」。

艾賓浩斯發現，人的大腦大概經過7遍（即：10分鐘、30分鐘、1天、4天、7天、15天、30天）的複習會完成一個循環，經過這樣的循環就能將記憶材料進行長期記憶了。

這就是遺忘的定量性規律，如果利用好此規律，它將在我們的學習中起到極大的指導作用，讓我們的學習達到事半功倍的效果。

比如，一堂課是45分鐘，當老師講了10分鐘左右的時候，這時我們一定要記得把筆記本上的要點回顧一遍，加深印象，30分鐘左右的時候，也就是下課之前，把老師講的所有要點從頭到尾再次回顧一遍，加深印象，晚上臨睡前再重溫一遍，這樣一天下來，對老師講的知識要點做了3次複習，印象就會非常深刻，並且可以保持好幾天不遺忘。

如果不這樣做，你就會發現過幾天再來複習的話，所有的知識點都已經似是而非模糊不清了，那時你要花費很大的力氣來進行「補救」。

所以，按照艾賓浩斯遺忘曲線規律及時複習，將會省時省力、事半功倍。

下一章，將進一步引爆你的記憶潛能。

☆ 德國的心理學家艾賓浩斯發現了記憶和遺忘的
　　規律。
☆ 按照艾賓浩斯遺忘曲線的規律及時複習會省時
　　省力、事半功倍。
☆ 複習的頻率要「先緊後疏」。

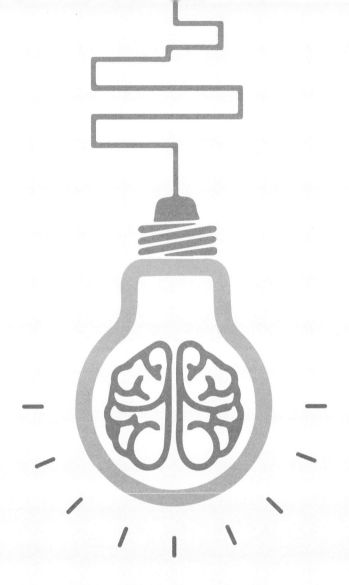

Chapter 3

数字密码是高效记忆的基础

110個數字密碼

有的人可以將整本日曆倒背如流，做到無比精准的記憶；有的人可以1個小時記憶2000多個隨機數字；有的人卻將重要的銀行卡密碼都會忘掉，還有重要的日期和生日也會忘得一乾二淨。

還有更誇張的是，我有一個高中同學，當面交代給他的事轉身就忘，因此他還得了個諢名叫「大理石腦袋」。

……

你有過以上情況嗎？為甚麼人與人之間就這麼天差地別呢？

我甚麼都記得住

現在隨意寫出一串數字：

37295027184038295038275930856382950395837993

你能記住嗎？很難！

但是這對我來說卻非常容易，甚至可以倒背如流。我是如何做到的呢？接下來，我就要為你解開這個謎團：

因為，我的大腦中有一套非常神奇的數字密碼。這套數字密碼可以幫助我做到很多不可思議的事情，甚至能創造世界紀錄。

如果你想喚醒自己沉睡的記憶潛能，那就一定要掌握這套數字密碼，每位世界記憶大師都身懷這樣的「上乘絕學」。

記憶力的巨大提升，離不開五項非常重要的基本訓練！這五項基本訓練包括：詞語訓練，數字訓練，撲克訓練，句子訓練，文章訓練。

前面兩章已經帶你走進了記憶之門，打開了你想像的開關，接下來將通過數字的訓練，讓你再登上一個新的高峰，這就要通過數字密碼來實現。

那麼，甚麼是「數字密碼」呢？

其實很簡單，就是把數字轉換成熟悉的圖像，而這套圖像就是所謂的「數字密碼」。

在我們上幼兒園的時候，老師就教過我們一些，比如「0」像甚麼，說像雞蛋，像蘋果，像太陽；「1」像甚麼，像手指，像樹幹，像扁擔；「2」像甚麼，像鴨子；「3」像甚麼，像耳朵⋯⋯

那時候幼兒園老師也不知道甚麼叫數字密碼，所以只能教我們到數字11就結束了。經過專業的記憶專家研究後，一共拓展成了110個數字。這套數字密碼一定要背得滾瓜爛熟，達到看到數字能快速反應出圖像，看到圖像能快速反應出對應的數字的效果。現在我們來看一看這110個數字密碼（提示：試用普通話讀出數字和字詞）：

0		呼啦圈
1		蠟燭
2		鵝
3		耳朵
4		帆船

5		鈎子
6		勺子
7		鐮刀
8		葫蘆
9		口哨

10		棒球
11		梯子
12		椅兒
13		醫生
14		鑰匙

15		鸚鵡
16		石榴
17		儀器
18		腰包
19		藥酒

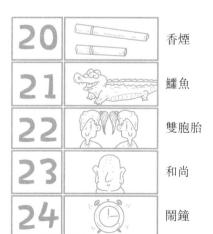

20		香煙
21		鱷魚
22		雙胞胎
23		和尚
24		鬧鐘

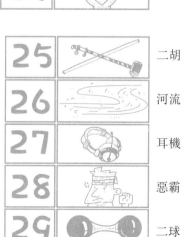

25		二胡
26		河流
27		耳機
28		惡霸
29		二球

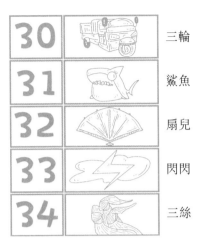

30		三輪
31		鯊魚
32		扇兒
33		閃閃
34		三絲

35		山虎
36		山鹿
37		山雞
38		婦女
39		三角

40		司令
41		司儀
42		柿兒
43		石山
44		蛇

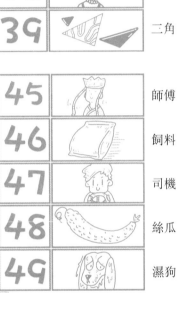

45		師傅
46		飼料
47		司機
48		絲瓜
49		濕狗

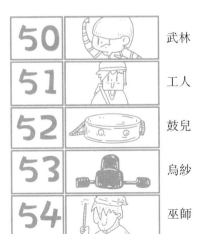

50		武林
51		工人
52		鼓兒
53		烏紗
54		巫師

55		火車
56		蝸牛
57		武器
58		尾巴
59		五角

60		榴槤
61		兒童
62		牛兒
63		流沙
64		螺絲

65		尿壺
66		蝌蚪
67		油漆
68		喇叭
69		太極

70		麒麟
71		雞翼
72		企鵝
73		氣扇
74		騎士

75		積木
76		氣流
77		機器人
78		青蛙
79		氣球

80		巴黎鐵塔
81		白蟻
82		靶兒
83		芭蕉扇
84		巴士

85		寶物
86		八路
87		白旗
88		爸爸
89		芭蕉

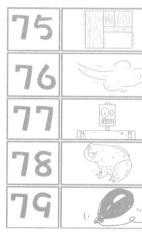
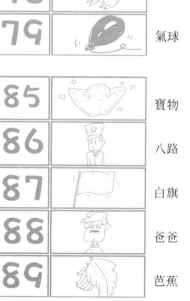
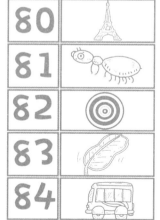

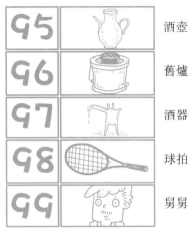

90		幽靈	95		酒壺
91		球衣	96		舊爐
92		球兒	97		酒器
93		舊傘	98		球拍
94		舊飾	99		舅舅
00		望遠鏡	05		手套
01		小樹	06		手槍
02		鈴兒	07		令旗
03		凳子	08		籬笆
04		轎車	09		貓

☆ 記憶力提升需要五項訓練：詞語訓練、數字訓練、撲克訓練、句子訓練和文章訓練。

☆ 數字密碼就是把數字轉化成熟悉的圖像。

☆ 數字密碼能喚醒你的記憶潛能。

怎樣快速牢記110個數字密碼

這110個數字密碼有三大規律，只要抓住規律快速牢記數字密碼就非常簡單。

第一條是形象規律，比如0（呼啦圈）、1（蠟燭）、2（鵝）、3（耳朵）、4（帆船）、5（鈎子）、6（勺子）、7（鐮刀）、8（葫蘆）、9（口哨）、10（棒球）、11（梯子）。

第二條是諧音規律，比如12（椅兒）、13（醫生）、14（鑰匙）、15（鸚鵡）。

第三條是邏輯規律，比如20是香煙（一盒煙有20根），38是婦女（三八婦女節），61是兒童（六一兒童節）。

其中使用最多的是諧音規律。

根據我個人的經驗，可以提供四種加快背誦的方式：

第一種：倒置法。比如12是椅兒，倒置21是鱷魚；13是醫生，倒置31是鯊魚。

第二種：綁定法。比如66蝌蚪記住了，而67油漆總是想不起來，就可以把66和67綁定起來進行記憶：想像一大群蝌蚪圍着油漆在游泳，甚至游到油漆裏去了。如果65尿壺也記不住，可以一起綁定：想像蝌蚪從尿壺裏游出來，游到了油漆裏等等，只要記不住的就把它跟容易記住的綁定一起來記憶。

第三種：搭檔法。搭檔法顧名思義就是找一個搭檔來互問互答，這個搭檔可以是你的同學、朋友、鄰居，或者爸爸媽媽，如果他們不會，你

就先把他們教會。《道德經》第八十一章講道：聖人不積，既以為人己愈有，既以與人己愈多。我們要善於分享。

第四種：投放法。投放法就是把任何一個數字密碼投放到你所見所聞的任何一個事物上。比如，你看到一棵大樹，可以想像從天而降一個巨大的精靈（90）；你看到一朵花，可以想像上面會冒出一隻大山雞（37）在打鳴；你見到一團草根，可以想像每一條草根都是扭動的蛇（44）；你看到湖面，可以想像湖面上突然火車（55）縱橫來往；聽到一隻蚊子「嗡嗡」叫，可以想像牠吹着一個超級大喇叭（68）。

這四種方法中，我覺得投放法是最神奇的，也是我自己經常使用的。利用這些方法可以把自己周圍的世界變成一個奇幻的世界，彷彿置身於童話中一般。這種記憶方法可以極快速地提高你的想像力。

運用上面四種方法練習之後，一般來說這套數字密碼就已經完全爛熟於心了，如果還有少量的密碼總是記不住，我們可以把它定義成「頑固分子」。對於頑固分子我們要把它們單獨拿出來進行重點攻破，可以對其進行加工甚至個別替換，相信這樣處理之後就沒有問題了。

對於初學者來說，這套密碼已經完全足夠，但對於那些有志於挑戰世界腦力錦標賽的人來說卻遠遠不夠，這就需要更高的精度和區分度。

☆ 數字密碼有三大規律：形象規律、諧音規律和邏輯規律。

☆ 數字密碼用得最多的是諧音規律。

☆ 倒置法、綁定法、搭檔法和投放法可以幫助我們加快背誦
　　數字密碼。

數字密碼的超級應用

古希臘人曾經非常癡迷於數字的研究，畢達哥拉斯（Pythagoras）認為：數字支配着宇宙。意大利偉大的物理學家伽利略（Galilei, Galileo）也曾說：自然界的書是用數學的語言寫成的。

現在我們已經破譯了一套數字密碼，這到底有甚麼用呢？你可別小看它，它會給我們帶來非常實際和非常廣泛的用途。現在來舉幾個簡單的例子。

運用一 記憶電話號碼

假如有一天，你在一個陌生的地方迷了路，你的手機也丟失了，你一個親人的電話號碼都不記得，怎麼辦？

如果我們能把手機裏一些重要人的電話號碼爛熟於心就可以防患於未然，尤其是親朋好友的電話號碼。

比如：

奶奶：9429 3655

爸爸：6178 3080

媽媽：6063 7733

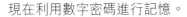

現在利用數字密碼進行記憶。

第一步：進行密碼轉換。

奶奶：94（舊飾）29（二球）36（山鹿）55（火車）

爸爸：61（兒童）78（青蛙）30（三輪）80（巴黎塔）

媽媽：60（榴槤）63（流沙）77（機器人）33（閃閃）

第二步：運用前面學過的連鎖故事法進行想像記憶。

現在自己來練習一下：

1.奶奶：＿＿＿＿＿＿＿＿＿＿＿＿＿＿＿＿＿＿＿＿＿

2.爸爸：＿＿＿＿＿＿＿＿＿＿＿＿＿＿＿＿＿＿＿＿＿

3.媽媽：＿＿＿＿＿＿＿＿＿＿＿＿＿＿＿＿＿＿＿＿＿

接下來，你可以嘗試從你的手機中選出10個重要人物的號碼，並做大膽誇張的想像訓練。

挑戰開始：

1.＿＿＿＿＿＿＿＿＿＿＿＿＿＿＿＿＿＿＿＿＿＿＿＿

2.＿＿＿＿＿＿＿＿＿＿＿＿＿＿＿＿＿＿＿＿＿＿＿＿

3.＿＿＿＿＿＿＿＿＿＿＿＿＿＿＿＿＿＿＿＿＿＿＿＿

4.＿＿＿＿＿＿＿＿＿＿＿＿＿＿＿＿＿＿＿＿＿＿＿＿

5.＿＿＿＿＿＿＿＿＿＿＿＿＿＿＿＿＿＿＿＿＿＿＿＿

6.＿＿＿＿＿＿＿＿＿＿＿＿＿＿＿＿＿＿＿＿＿＿＿＿

7.＿＿＿＿＿＿＿＿＿＿＿＿＿＿＿＿＿＿＿＿＿＿＿＿

8.＿＿＿＿＿＿＿＿＿＿＿＿＿＿＿＿＿＿＿＿＿＿＿＿

9.＿＿＿＿＿＿＿＿＿＿＿＿＿＿＿＿＿＿＿＿＿＿＿＿

10.＿＿＿＿＿＿＿＿＿＿＿＿＿＿＿＿＿＿＿＿＿＿＿

感覺怎麼樣？是不是很有成就感？

我曾經嘗試過兩個小時記下了手機中的200多個號碼，當時我非常的激動。當然，要做到這一點需要更高級的方法，同時還需要一些不同尋常的策略。在這裏我們不做深入探討。對於初學者，一定要從最簡單的入手，把簡單的練到極致就不簡單。

接下來我們進行大量的隨機數字的練習。

16個隨機數字：

5573859915430721

想像：_____

_____

一輛冒着滾滾濃煙的火車撞上一個巨大的旋轉着的氣扇，氣扇裏飛出無數的寶物擊中了舅舅，舅舅正興高采烈地騎着一隻五顏六色的巨大鸚鵡爬石山，石山上插滿了令旗，令旗迎風招展，其中一面令旗背後隱藏着一隻嘴巴在流血的兇猛鱷魚！

回顧：

一輛冒着滾滾濃煙的火車撞上一個巨大的旋轉着的甚麼？氣扇！氣扇裏飛出無數的甚麼？寶物！寶物擊中了誰？舅舅！舅舅正興高采烈地騎着一隻五顏六色的巨大的甚麼？鸚鵡！在爬甚麼？石山！石山上插滿了迎風招展的甚麼？令旗！其中一面令旗背後隱藏着一隻嘴巴在流血又兇猛的甚麼？鱷魚！

當這一連串的畫面能非常清晰地展現在我們腦海裏的時候，我們就可以把相應的數字背下來了：5573859915430721。

令人驚奇的是：你還可以做到倒背如流！只要把相應的圖像倒着回顧一遍就可以了：

鱷魚藏在甚麼後面？令旗！令旗插在甚麼上面？石山！甚麼在爬石山？鸚鵡！誰騎着鸚鵡？舅舅！甚麼擊中了舅舅？寶物！甚麼發出了寶物？氣扇！甚麼撞到了氣扇？火車！

像這樣倒背回來也完全沒有問題。

練習隨機數字的步驟是：想像→回顧→正背→倒背。

有的人會問，為甚麼要倒背呢？

你會發現這樣對你思維的訓練更具衝擊力，當你能夠做到倒背時，正背就更容易了。

在我的訓練營裏，訓練的形式和花樣會更多，經過這樣的訓練之後，學員的注意力、想像力、記憶力、創造力、內感覺、靈敏度、反應速度等大腦思維能力都會得到巨大的提升。

現在，開始挑戰吧！

[註：在做以下的練習時請準備一隻秒錶，會讓你的注意力更集中，效果更好，記錄每次的時間，爭取一次比一次快。]

挑戰練習1：倒背如流20個隨機數字。

35282910493827593011

你的想像：_____

_____

挑戰練習2：倒背如流26個隨機數字。

58264920174927594038264833

你的想像：_____

_____

挑戰練習3：倒背如流30個隨機數字。

83928504728163849204 8274638251

你的想像：_____

_____

當你能夠輕鬆地將30個數字倒背如流的時候，就可以去展現你的絕技了。可以讓你的同學、老師、父母隨機寫一串數字（或者詞語也可以），然後你就飛速秒記下來，相信所有的人一定會為你尖叫！

實踐表明，有一個方法可以讓你進步更快，那就是：去當別人的老師。你會發現，在這個過程中，你不但有更深刻的領會，身邊還多了一大群好朋友。

接下來你可以逐步升級進行更大的挑戰，我的一位學員學習了這個方法之後，馬上行動，兩個小時就將圓周率挑戰到了1000位（見書的附錄）。圓周率、隨機數字、電話號碼、車牌、門牌、身份證號、重要學科數據等都可以作為練習的素材。

運用二　記憶三十六計

在浩瀚的華夏文明史中，閃爍着無數智慧的光芒，中國經典的三十六計謀略就是這部文明史中的瑰寶。下面就是三十六計的計名，你能否快速地把它裝進你的大腦中？

三十六計

1.瞞天過海	2.圍魏救趙	3.借刀殺人	4.以逸待勞
5.趁火打劫	6.聲東擊西	7.無中生有	8.暗度陳倉
9.隔岸觀火	10.笑裏藏刀	11.李代桃僵	12.順手牽羊
13.打草驚蛇	14.借屍還魂	15.調虎離山	16.欲擒故縱
17.拋磚引玉	18.擒賊擒王	19.釜底抽薪	20.渾水摸魚
21.金蟬脫殼	22.關門捉賊	23.遠交近攻	24.假道伐虢
25.偷樑換柱	26.指桑罵槐	27.假癡不癲	28.上屋抽梯
29.樹上開花	30.反客為主	31.美人計	32.空城計
33.反間計	34.苦肉計	35.連環計	36.走為上計

如果讓你來記憶這個材料，你需要多長時間才能把它記下來呢？

有的人說需要兩個小時，有的說半天都記不下來。如果沒有方法的話，確實如此。

我們已經學習了數字密碼記憶方法，運用這套數字密碼來進行定位和想像，你會發現只需要短短的十幾分鐘就可以做到倒背如流，並且能隨意地抽背。

以前10計為例：

1.瞞天過海　2.圍魏救趙　3.借刀殺人　4.以逸待勞　5.趁火打劫

6.聲東擊西　7.無中生有　8.暗度陳倉　9.隔岸觀火　10.笑裏藏刀

先複習一下前10個數字密碼：

1.蠟燭　　　2.鵝　　　　3.耳朵　　　4.帆船　　　5.鉤子

6.勺子　　　7.鐮刀　　　8.葫蘆　　　9.口哨　　　10.棒球

接下來要運用你的想像力，把數字密碼跟計名進行聯結。

1.蠟燭──瞞天過海

想像：自己舉着一根巨大的蠟燭，蠟燭放出滾滾的濃煙將整個天空都遮擋了起來，你趁着無人看見之際飛奔過海。

2.鵝──圍魏救趙

想像：一大群白花花的鵝，戴盔披甲，奔向魏國，把魏國團團圍住，聲稱要救出趙王。

3.耳朵──借刀殺人

有兩個人打起架來，其中一個人借了一把刀要去殺對方，結果只砍掉對方的兩隻大耳朵。

4.帆船——以逸待勞

想像：帆船上睡着一個懶鬼，甚麼事也不幹，身上爬滿了螞蟻（「逸」諧音成「蟻」），只想等待別人請他才去勞動。

5.鉤子——趁火打劫

想像：你路過一家銀行，銀行着了火，所有人都在救火，你發現有一個蒙面人竟然趁着大火用一把鉤子偷偷地撬裏面的保險櫃。

6.勺子——聲東擊西

想像：有一大群乞丐排着一條長龍，每人手裏都拿着一個勺子和破碗，東敲敲西敲敲，逛完了東街逛西街，甚麼也沒討着，只招人討厭。

7.鐮刀——無中生有

想像：鐮刀用來割麥子，一割完，嘩啦又長出了很多，不知道從哪裏冒出來的！

8.葫蘆——暗度陳倉

想像：一個葫蘆很神奇，它會按着肚子（暗度）走進一個陳舊的倉庫！

9.口哨——隔岸觀火

想像：每次體育課，體育老師只做一項體育活動，那就是他吹響口哨把大家召集到一條大河岸邊觀看對面的大火。

10.棒球——笑裏藏刀

想像：你發現兩個人在打棒球，打贏的那個人就哈哈大笑，他一笑嘴裏竟然露出了一把刀。

前10計已經記完了。怎樣，是不是印象很深刻？現在來回顧一下，看看有記下來嗎？

有的人有疑問：這樣記會不會扭曲它原來的意思？

記憶真相是：確實會！

如果你是為記憶而記憶，只局限於它的表像，確實會造成一定的誤解。所以我個人建議，接下來這本書中所有的練習，你最好是建立在理解的基礎上來進行記憶會更好！不過這種誇張的想像記憶提供了一種非常好的訓練思路，快速而又有趣。

那麼，剩下的26計就交給你來練習吧！

11.梯子——李代桃僵

想像：＿＿＿＿＿＿＿＿＿＿＿＿＿＿＿＿＿＿＿＿＿＿＿＿

12.椅兒——順手牽羊

想像：＿＿＿＿＿＿＿＿＿＿＿＿＿＿＿＿＿＿＿＿＿＿＿＿

13.醫生——打草驚蛇

想像：＿＿＿＿＿＿＿＿＿＿＿＿＿＿＿＿＿＿＿＿＿＿＿＿

14.鑰匙——借屍還魂

想像：＿＿＿＿＿＿＿＿＿＿＿＿＿＿＿＿＿＿＿＿＿＿＿＿

15.鸚鵡——調虎離山

想像：＿＿＿＿＿＿＿＿＿＿＿＿＿＿＿＿＿＿＿＿＿＿＿＿

16.石榴——欲擒故縱

想像：＿＿＿＿＿＿＿＿＿＿＿＿＿＿＿＿＿＿＿＿＿＿＿＿

17.儀器——拋磚引玉

想像：＿＿＿＿＿＿＿＿＿＿＿＿＿＿＿＿＿＿＿＿＿＿＿＿

18.腰包——擒賊擒王

想像：＿＿＿＿＿＿＿＿＿＿＿＿＿＿＿＿＿＿＿＿＿＿＿＿

19.藥酒——釜底抽薪

想像：＿＿＿＿＿＿＿＿＿＿＿＿＿＿＿＿＿＿＿＿＿＿＿＿

20.香煙——渾水摸魚

想像：＿＿＿＿＿＿＿＿＿＿＿＿＿＿＿＿＿＿＿＿＿＿＿＿

現在將第十一計到第二十計回顧一遍，看是否已經全部記下？模糊的地方再重點加深一下。繼續練習記憶第二十一計到第三十六計。

21.鱷魚——金蟬脫殼

想像：＿＿＿＿＿＿＿＿＿＿＿＿＿＿＿＿＿＿

22.雙胞胎——關門捉賊

想像：＿＿＿＿＿＿＿＿＿＿＿＿＿＿＿＿＿＿

23.和尚——遠交近攻

想像：＿＿＿＿＿＿＿＿＿＿＿＿＿＿＿＿＿＿

24.鬧鐘——假道伐虢

想像：＿＿＿＿＿＿＿＿＿＿＿＿＿＿＿＿＿＿

25.二胡——偷樑換柱

想像：＿＿＿＿＿＿＿＿＿＿＿＿＿＿＿＿＿＿

26.河流——指桑罵槐

想像：＿＿＿＿＿＿＿＿＿＿＿＿＿＿＿＿＿＿

27.耳機——假癡不癲

想像：＿＿＿＿＿＿＿＿＿＿＿＿＿＿＿＿＿＿

28.二霸——上屋抽梯

想像：＿＿＿＿＿＿＿＿＿＿＿＿＿＿＿＿＿＿

29.二球——樹上開花

想像：＿＿＿＿＿＿＿＿＿＿＿＿＿＿＿＿＿＿

30.三輪——反客為主

想像：＿＿＿＿＿＿＿＿＿＿＿＿＿＿＿＿＿＿

31.鯊魚——美人計

想像：＿＿＿＿＿＿＿＿＿＿＿＿＿＿＿＿＿＿

32.扇兒——空城計

想像：_____

33.閃閃——反間計

想像：_____

34.三絲——苦肉計

想像：_____

35.山虎——連環計

想像：_____

36.山鹿——走為上計

想像：_____

現在將第二十一計到第三十六計回顧一遍，看是否記下？模糊的地方再重點加深一下印象。

然後將第一計到第三十六計全部回顧一遍，看是否記下？模糊的地方再重點加深一下印象。

相信，現在三十六計在你的腦海中已經可以倒背如流了，來檢驗一下：

第二十二計是甚麼？

第十六計是甚麼？

第八計是甚麼？

第二十九計是甚麼？

拋磚引玉是第幾計？

上屋抽梯是第幾計？

有的人問，老師，記下了三十六計有甚麼用？碰到其他的我又不會記了。學習一定要把東西學活了，靈活演變，做到觸類旁通、舉一反三。

在這裏三十六計只是一個模板，記下三十六計本身並不重要，重要的是記下三十六計的原理和方法。那麼其原理和方法是甚麼呢？

是數字定位+聯想！這才是背後的思維。

下面是中國古典十大名曲和中國古典十大名著，練習用41-60的數字密碼來記憶。10分鐘記憶開始：

41.高山流水　　　　　　　42.廣陵散

43.平沙落雁　　　　　　　44.梅花三弄

45.十面埋伏　　　　　　　46.夕陽簫鼓

47.漁樵問答　　　　　　　48.胡笳十八拍

49.漢宮秋月　　　　　　　50.陽春白雪

51.《紅樓夢》　　　　　　52.《西遊記》

53.《水滸傳》　　　　　　54.《三國演義》

55.《聊齋志異》　　　　　56.《喻世明言》

57.《警世通言》　　　　　58.《醒世恒言》

59.《初刻拍案驚奇》　　　60.《二刻拍案驚奇》

怎樣，能夠記憶下來嗎？

勤加練習，你的記憶能力就會愈來愈強。

數字密碼在學習、生活、工作中還有更廣泛的運用，請用你那雙善於發現的眼睛去挖掘它更大的威力和價值吧！

☆ 練習隨機數字的步驟是想像──回顧──正
　　背──倒背。

☆ 用記憶方法記憶文字材料會扭曲原來的意思，
　　所以要在理解的基礎上記憶。

☆ 能倒背如流三十六計並不重要，重要的是掌握
　　數字定位+聯想的思維。

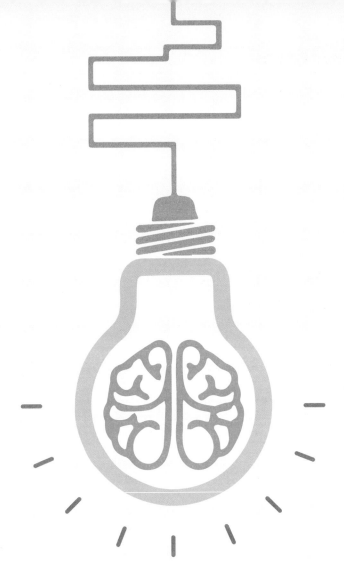

Chapter 4

記憶精英都在用的記憶宮殿

記憶宮殿的來龍去脈

40秒記憶一副撲克。

1小時記憶1352張撲克。

1小時記憶2060個隨機數字。

……

這是我在2011年世界腦力錦標賽上取得的戰績，為中國隊奪得一金一銅。

除此之外，我曾經用幾天時間記下了《道德經》、《孫子兵法》、《易經》、《弟子規》等國學經典。

聽起來似乎不可思議，但是，我要告訴你，你也可以創造這樣的奇跡！

因為，在這一章裏，我將要向你介紹世界上最頂尖記憶大師們最核心的秘密武器——記憶宮殿。

如果你也掌握了這種宮殿式的記憶方法，將會無限制地擴充你的記憶容量，你會發現，到時背誦一篇文章甚至一本書也不費吹灰之力。

接下來我們就開始吧！

在記憶界一直流傳着這樣一個古老的傳說：

公元前 515年，在一個名叫斯科帕斯的貴族宴會上，被稱為「蜂蜜舌頭」的古希臘最著名的抒情詩人西摩尼德斯作為來賓，吟誦了一首詩向主人致敬，詩中有一段讚美了天神宙斯的雙胞胎私生子卡斯特與波魯克斯，即雙子座的守護神。

斯科帕斯富有而高貴，卻是一個非常不文明的人。他粗暴而且很小氣地告訴西摩尼德斯，原先說好的吟詩酬勞他只能付一半，另一半應該去找那對雙子神，因為他們在詩裏受到了同等的讚揚。

不一會兒，有人通報，宴客廳外有兩個年輕人要見西摩尼德斯。西摩尼德斯剛離開大殿，突然，「轟」的一聲巨響，整個大殿被一股怪風吹塌了。所有客人全部被壓死，個個血肉模糊殘缺不全，來收屍的親友都認不出誰是誰。西摩尼德斯成了唯一的倖存者。據說，他根據每個人所在的位置將所有的人一一還原出來，而當時參會的人多達2000人。

在經歷了這一次的突發事件之後，詩人頓悟出了記憶術的原理，也因此順理成章地成為記憶術的創始人。他從自己記得賓客在席上的座次而能認出屍體的事實領悟出，安排有序乃是牢固記憶的前提。

他推論，想要鍛煉記憶能力的人必須選好場所，把自己要記住的事物構思成圖像，再把這些圖像存入一個固定位置，以便讓位置的次序維繫事物的次序。這些事物的圖像會指明事物本身，我們便可分別取用位置和圖像。

西摩尼德斯創立的方法叫位置記憶法，這種方法有兩個主要特徵，一是尋找位置，二是進行想像。

自西摩尼德斯開始，位置記憶法在古代歐洲開始流行，並在中世紀通過宗教思想家大阿爾伯特和托馬斯‧阿奎傳承下來，至今已有2500多年的歷史了。後來的羅馬房間法、行程法、抽屜法、標籤法、信息檢索法等，都是根據這一方法引伸出來的，原理和本質上是一樣的。

文藝復興時期，記憶術的倡導者把這樣的記憶方法叫作「記憶宮殿」。

在歐洲，記憶宮殿一直作為一種記憶秘術在流傳，只有天皇貴冑和高級的知識分子才有機會能學習到，而對民間是不予開放的，因為他們要讓

人們感覺到他們就是天權神授，擁有神奇的本領，以便於統治人民。

大約17世紀，一位名叫利瑪竇的意大利傳教士來到中國傳教，人們對他淵博的學識感到驚歎。同時，他最早為中國帶來了這神奇的記憶秘術記憶宮殿。

記憶宮殿作為一種記憶秘術在歐洲流傳，幾經失傳。到了近代，英國有位托尼‧博贊先生，他因為思維導圖的發明而享譽全球，並在全世界舉辦一年一度全球巡迴的腦力錦標賽。

這個大賽的舉辦，使得全世界各國的腦力精英們得以盡情地交流和碰撞，記憶宮殿也因此而得以發揚光大，並弘揚到全世界。現在，記憶宮殿這種記憶方法經過專業的記憶大師和專家們優化後已經達到了登峰造極的境地。

接下來，我就帶你慢慢地走進這座神奇的記憶宮殿。

☆ 記憶宮殿是最頂尖記憶精英高效快速記憶的秘密。

☆ 意大利傳教士利瑪竇最早為中國帶來了記憶宮殿。

☆ 記憶宮殿的兩個特徵是尋找位置和進行想像。

手把手教你打造小型記憶宮殿

那麼，到底甚麼是記憶宮殿呢？

從本質上來講，記憶宮殿就是一套地點定位系統。

最簡單、最微型的記憶宮殿就在我們自己身上。

現在，跟著我的節奏在你自己的身上按照順序找出12個人體部位出來：

第一個：頭 　　　（摸摸自己的頭部）

第二個：眼睛 　　（擦擦自己的眼睛）

第三個：耳朵 　　（耳朵像數字3）

第四個：鼻子 　　（捏捏自己的鼻子）

第五個：嘴巴 　　（嘬一下嘴巴）

第六個：脖子 　　（左三圈右三圈活動一下）

第七個：雙手 　　（張開雙手像翅膀一樣）

第八個：腹部 　　（揉揉自己的腹部）

第九個：背部 　　（弓一弓背）

第十個：大腿 　　（美不美，看大腿）

第十一個：小腿 　　（踢一踢小腿）

第十二個：腳丫子 　（跺跺腳丫子）

現在用兩分鐘時間，從頭到腳、從腳到頭把以上12個人體部位做到倒背如流，要能非常快速地反應出來。第七個是甚麼？第二個是甚麼？第十個是甚麼？腹部是第幾個？

現在我們就來檢驗一下它的威力。

以下是12星座：

1.白羊座　　　2.金牛座　　　3.雙子座

4.巨蟹座　　　5.獅子座　　　6.處女座

7.天秤座　　　8.天蠍座　　　9.射手座

10.山羊座　　　11.水瓶座　　　12.雙魚座

運用我們前面學過的連鎖故事法或數字密碼都很容易記憶下來，這裏我們用人體定位的方式來記憶。

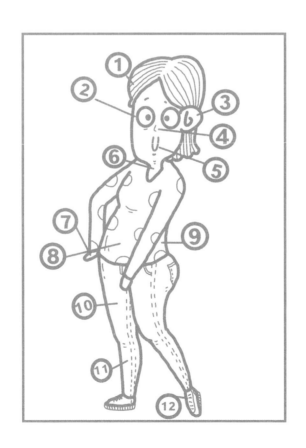

1.頭部→白羊座

想像：你的頭上臥着一隻小白羊，在不停地啃你的頭髮。

2.眼睛→金牛座

想像：你的眼睛一睜開，有兩頭金光閃閃的牛在你眼前飛來飛去。

3.耳朵→雙子座

想像：你的耳朵裏有兩個小天使鑽過來鑽過去地玩遊戲。

4.鼻子→巨蟹座

想像：回家自己煮大閘蟹，結果大閘蟹跳起來把你的鼻子夾住了。

5.嘴巴→獅子座

想像：你的嘴巴張開一聲喊，如獅子咆哮，地動山搖。

6.脖子→處女座

想像：你的脖子被處女座的女孩子狠狠地掐住了。

相信剩下的你完全可以發揮自己的想像力把它完成。

7.雙手→天秤座

想像：_____

8.腹部→天蠍座

想像：_____

9.背部→射手座

想像：_____

10.大腿→山羊座

想像：_____

11.小腿→水瓶座

想像：_____

12.腳丫子→雙魚座

想像：_____

感覺怎麼樣？你會發現運用人體定位法來記憶更簡單更輕鬆。

人體定位法不僅可以用來記憶12星座，還可以用來對很多其他方面的材料進行記憶，比如一些臨時性的重要事件、購物清單或一些會議紀要等。

如果我們想記憶更多的信息，只需要把人體定位的方法往外延伸，即可拓展到更大的空間。

請看下圖：

1.大狗　　　2.窗簾　　　3.椅子　　　4.電腦　　　5.花瓶

6.床頭　　　7.小櫃　　　8.大櫃　　　9.靠墊　　　10.床尾

現在閉上眼睛從頭到尾再從尾到頭回顧一遍，看是不是能很清楚地記下來，當這一點記完之後，再嘗試記憶下面一串隨機數字和詞語：

55023781669228322144

| 魔法師 | 烏雲 | 李白 | 火箭 | 土地爺 |
| 喬丹 | 大雪 | 鯨魚 | 雷電 | 阿凡達 |

現在，我們把自己定義成一個超級大導演，再發揮無與倫比的想像力，在每一個地點，用非常誇張有趣的方式放上四個數字或者兩個詞語，然後把它們聯結在一起：

1.大狗→55　02

想像：一輛冒著滾滾濃煙的火車撞上大狗，大狗渾身都是鈴鐺，響個不停。

2.窗簾→37　81

想像：掀開窗簾一看，發現有一隻火紅的山雞在啄一大片白花花的白蟻。

3.椅子→66　92

想像：一片黑乎乎的蝌蚪爬滿了椅子，並爬到椅子上面一個滾動的球上。

4.電腦→28　32

想像：電腦上出現了一個像黑旋風李逵一樣的惡霸在練習拳擊，打一把巨大的扇兒。

5.花瓶→21　44

想像：花瓶裏突然竄出一頭兇猛的鱷魚，咬住了一條黑白相間的巨大蟒蛇，蟒蛇在不停地扭動。

6.床頭→魔法師　烏雲

想像：床頭有一個魔法師口吐烏雲，將整個床頭都染黑了。

7.小櫃→李白　火箭

想像：李白抱着火箭從小櫃底部向上衝破頂部鑽出來。

8.大櫃→土地爺　喬丹

想像：從大櫃旁冒出一個土地爺扛起喬丹塞進大櫃中。

9.靠墊→大雪　鯨魚

想像：大雪紛紛落在靠墊上，凝固成一頭雪白的鯨魚。

10.床尾→雷電　阿凡達

想像：一道雷電劈破床尾，「啊」的一聲，躲在下面的阿凡達被劈成了焦炭。

請你在大腦中再回顧一遍，看是不是印象非常深刻？

相信一遍你就完全記下來了！不僅如此，你還可以做到倒背如流，甚至抽背和點背。

請問第八個地點是甚麼？第三個地點是甚麼？鱷魚出現在第幾個地點？土地爺出現在第幾個地點？

非常簡單，每一組數字或詞語你都能夠很輕鬆地回憶出它所在的位置，通過所在位置你也能很輕鬆地想出它所對應的數字或詞語。這就是記憶宮殿帶來的好處，能夠非常形象和直觀地檢索出你想要的信息。

那麼，如果想記憶更多的東西怎麼辦呢？怎樣才能建立起龐大的記憶宮殿呢？下一章節將為你講解如何構建大規模的記憶宮殿。

☆ 人體是最簡單最微型的記憶宮殿。

☆ 人體定位法可以用來記憶臨時性的重要事情、
　購物清單或者會議紀要。

☆ 要記憶更多信息，需要建立龐大的記憶宮殿。

怎樣構建大規模的記憶宮殿

一棟大樓要想建起來，需要很多棟樑的支撐，同樣，記憶宮殿要想建立起來，也需要很多這樣的「棟樑」，類似上面講到的「1.大狗，2.窗簾，3.椅子……」這樣的具體地點我們稱之為「記憶椿子」。

一般來講，30個記憶椿子為一組，如果一個記憶椿子記憶兩個詞語，轉換成數字就是四個數字，一組30個記憶椿子就可以記憶120個數字；如果記三個詞語也就是六個數字，總量就是180個數字……

30個記憶椿子為一組，可以建立一個小型的記憶宮殿，很多個這樣的小型記憶宮殿就構成了龐大的記憶宮殿，就可以承載巨大的信息量！

據我所知，能達到世界記憶大師水準的人，大腦中最少要具備50個小型記憶宮殿，記憶椿子則在1500個以上。

我在備戰2011年第二十屆世界腦力錦標賽的時候，構建了65個小型記憶宮殿，記憶椿子達1950個，這完全是用來進行比賽用的，還不包括我以前用來背誦《道德經》、《易經》、《孫子兵法》等國學經典的記憶椿子。

記憶宮殿大概分為兩種類型：第一種為區間型，比如房間、社區、學校、公園等；第二種為路線型，比如從家到學校的路段，從家到公司的路段，即在A→B路段上選擇記憶椿子。

以下圖為例，按照一定的順序寫出10個最顯眼的物品作為記憶椿子。

圖1：臥室

圖2：兒童房

圖3：衛生間

現在通過表格一一把它們列出來：

臥室	兒童房	衛生間
1.坐墊	1.大狗	1.浴巾A
2.沙發	2.窗簾	2.浴巾B
3.檯燈杆	3.椅子	3.洗手盤
4.枕頭	4.電腦	4.門把手
5.檯燈帽	5.花瓶	5.鏡子
6.窗架	6.床頭	6.暖氣
7.窗簾	7.小櫃	7.馬桶
8.石膏人	8.大櫃	8.小水池
9.電視櫃	9.坐墊	9.水龍頭
10.地毯	10.床尾	10.浴缸

現在請你把最熟悉的家和學校裏的擺設物品，也分別按照順序作為記憶樁子寫出來吧。

第一組，家：

1.	11.	21.
2.	12.	22.
3.	13.	23.
4.	14.	24.
5.	15.	25.
6.	16.	26.
7.	17.	27.
8.	18.	28.
9.	19.	29.
10.	20.	30.

第二組，學校：

1.	11.	21.
2.	12.	22.
3.	13.	23.
4.	14.	24.
5.	15.	25.
6.	16.	26.
7.	17.	27.
8.	18.	28.
9.	19.	29.
10.	20.	30.

寫完之後，要在大腦中認真地回顧一遍，確保每一個記憶樁子都能清晰地呈現在大腦中。我們可以通過拍手的方式來回顧，以每次五秒來拍手一次，當一個記憶樁子能很清晰地浮現在大腦中時，就跳到下一個，依次進行，直至所有記憶樁子回顧完畢。

我們甚至可以閉上眼睛把自己想像成一個帶着翅膀的小精靈，依次飛過每一個記憶樁子，認真地去觸摸每一件物品，感受它們的溫度和質地。

比如當你飛到檯燈那裏，檯燈一下就變得非常亮，刺得眼睛都睜不開，而且還非常燙；當你飛到石膏人那裏，石膏人就開始説話了，張着大嘴吐出白色粉末，你能感覺到他快要融化了，整個石膏人像稠乎乎的黏土；當你飛到浴缸裏，嘩啦一聲，水龍頭噴出水來，熱騰騰的水將你全身浸濕……

開始時可能比較慢，多練習就會愈來愈快，最後所有的記憶樁子會閃電般飛過你的腦際。

當這些記憶樁子你都已經能夠倒背如流了，就可以進行大量的練習。最好的練習素材就是隨機數字和撲克牌。

一般一個記憶樁子記憶4個數字，30個記憶樁子就可以記憶120個數字，如果你能在三分鐘內正確記憶120個隨機數字，可以説你已經很接近世界級的水平了。

當你對這種記憶方式已經很有感覺了，就可以開始把你的小型記憶宮殿拓展到5個、10個、20個、30個……這樣你就走在了記憶大師的路上。

☆ 區間型與路線型是記憶宮殿的兩種不同類型。

☆ 世界記憶大師通常擁有50個小型記憶宮殿、1500個以上的記憶樁子。

☆ 隨機數字和撲克牌是練習記憶宮殿最好的素材。

打造記憶宮殿的10個技巧

下面分享一些我個人的獨特經驗，希望能對你有所啟發。

我有65個小型記憶宮殿，每個記憶宮殿有30個記憶樁子，共1950個，這在記憶大師的隊伍中是不多見的，那麼我是如何做到的呢？

要想建立起龐大的記憶宮殿，瞭解它的宏觀輪廓和內部構造至關重要，這就需要運用一種非常重要的思維，叫作「戰略思維」，還需要恢宏的想像力。

就像一場規模龐大的戰爭，作為一個統帥，必須要看清整個戰場，才能更好地做精准的戰略部署，絕不能深陷其中，只見樹木不見森林。

我的65個小型記憶宮殿分佈在五大區域，構成了五大宮殿群，分別是廣西、深圳、湖北、北京、遼寧。

家鄉廣西宮殿群的內部構造分別是由自己的家、親朋好友的家、小學初中高中的學校，以及村子中的路徑構成，共有21組。

深圳是我曾經工作過的地方，宮殿群分別由公司及外面街道構成，共3組。

湖北是我訓練的地方，宮殿群內部分別由宿舍、社區及經常步行的路徑構成，共31組。

北京的宮殿群大部分集中在清華、北大各個大學及公園，共7組。

遼寧的宮殿群主要由教室和宿舍組成，共3組。

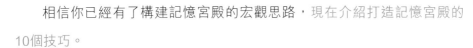

相信你已經有了構建記憶宮殿的宏觀思路，現在介紹打造記憶宮殿的10個技巧。

技巧1：剛開始時，先選擇自己熟悉的區域或路徑。

技巧2：按照自己的生活習慣，依照順序把地點、物品編上號碼。

技巧3：編碼順序的方向一定要一致。

技巧4：記憶椿子的大小、距離儘量做到要平均、錯落有致。

技巧5：記憶椿子要有一定的空間感，以實物為主，可有極少量的虛擬物。

技巧6：避免選擇兩個相似的地點，或相似的地點可以通過改裝，拉開區分度。

技巧7：要選擇永久性的地點，不要選擇經常移動位置的物品作為記憶椿子。

技巧8：所選地點光線不能太暗，暗的地方可以想像加上燈或光線。

技巧9：每一個圖像發生聯結時都要能在腦海中輕鬆浮現其情景，愈詳細愈好。

技巧10：達到一定的熟悉程度後，回想記憶椿子的速度至少要做到每秒兩個。

按照以上各點選出了合適的記憶椿子後，每一個椿子一定要經過認真的練習，然後要不斷地優化，不可想當然地認為選好就可以了，只有優化好每一個記憶椿子，確保它的可靠性，才能建立起牢固的記憶宮殿。

當記憶宮殿建立起來後，説不定你還會產生苦惱，到時想忘都忘不掉，怎麼辦？

可喜的是，運用記憶宮殿這種記憶方法是絕不會發生這種情況的。它的神奇之處在於，你不想忘的話可牢記一輩子，想忘的話轉身就忘！

你想知道如何更好地遺忘嗎？消除記憶的方法主要有以下三種：

第一種：自然遺忘。

再優秀的大腦都會發生自然的遺忘，無一例外，所有人都一樣，因為這是自然的規律和法則，只要不去複習它就會遺忘。

有的人說，我也想忘啊，有時就是時不時地想起來。其實這樣就是做了複習和加強，怎麼能忘掉？比如，有的人失戀了，很痛苦，想忘記，卻一遍又一遍地回想，反而加深了印象，讓自己更痛苦。

如果想忘記，只要轉移注意力，不去複習，隨着時間流逝自然而然就會遺忘。

第二種：信息干擾法。

不同的信息之間會造成干擾。比如，同一組記憶樁子，如果記了數字印象比較深刻，想消除它，那麼就可以記憶一些詞語，或者單詞，或者抽象圖形等其他信息，後來的信息與先前的信息就會互相干擾，兩者一「衝突」，印象就模糊了，很快就會遺忘掉。

第三種：想像消除法。

我曾經請教過袁文魁老師，當一組記憶樁子上有其他圖像的時候怎樣才能消除呢？他告訴我可以想像一股巨大的洪水將其全部沖刷掉，或者一把大火將其全部燒毀。這個方法還是比較好用的，你可以試試。在2011年世界腦力錦標賽上，因為我要記憶馬拉松數字和馬拉松撲克，這兩個項目需要佔用大量的記憶樁子，我不得不重複調用一些記憶樁子。當時，我就想像出一架噴霧式飛機沿着記憶樁子的路徑噴灑雲霧，這些雲霧會包裹並消融掉原來的圖像，實踐證明，效果非常好。

以上就是消除記憶的方法，對你有啟發嗎？

☆ 選擇記憶椿子要掌握10項技巧。

☆ 選好記憶椿子後還要進行優化,以確保
它們的可靠性。

☆ 自然遺忘、信息干擾法、想像消除法是
消除記憶的三種方法。

記憶宮殿讓古文天書無限量存進你的大腦

19秒記憶一副撲克。

5分鐘記憶520個隨機數字。

記憶電話號碼15000個。

記憶圓周率83000位數字。

記憶1774頁牛津高階詞典。

記憶佛經16000頁。

……

上面這些令人咋舌的健力士世界紀錄（Guinness World Records）到底是如何創造的呢？

毋庸置疑，他們都運用了世界上最先進的記憶方法——記憶宮殿。

對於普通讀者來說，不需要去挑戰世界紀錄，但裏面的一些記憶原理和方法，卻是可以通用的，比如說背誦一些我們喜歡的文章或經典書籍。

篇幅所限，我們以《春江花月夜》為例。

《春江花月夜》

唐·張若虛

1.春江潮水連海平，海上明月共潮生。

2.灩灩隨波千萬裏，何處春江無月明！

3.江流宛轉繞芳甸，月照花林皆似霰。

4.空裏流霜不覺飛，汀上白沙看不見。

5.江天一色無纖塵，皎皎空中孤月輪。

6.江畔何人初見月？江月何年初照人？

7.人生代代無窮已，江月年年只相似。

8.不知江月待何人，但見長江送流水。

9.白雲一片去悠悠，青楓浦上不勝愁。

10.誰家今夜扁舟子？何處相思明月樓？

11.可憐樓上月徘徊，應照離人妝鏡臺。

12.玉戶簾中卷不去，擣衣砧上拂還來。

13.此時相望不相聞，願逐月華流照君。

14.鴻雁長飛光不度，魚龍潛躍水成文。

15.昨夜閑潭夢落花，可憐春半不還家。

16.江水流春去欲盡，江潭落月複西斜。

17.斜月沉沉藏海霧，碣石瀟湘無限路。

18.不知乘月幾人歸，落月搖情滿江樹。

　　對於這篇文章，我們死記硬背也能背下來，不過很困難。現在我們嘗試用記憶宮殿來記憶。

　　記憶文章的步驟：

　　第一步：通讀。

　　通讀整篇文章（最好在六遍以上），瞭解大概意思及文章思路脈絡，如果能瞭解有關作者和文章的相關背景知識會更好！

　　第二步：定位。

　　通讀後根據文章來確定記憶策略，到底是連鎖故事法、數字密碼法，還是思維導圖分析法、記憶宮殿定位法。這裏我們採用記憶宮殿來記憶。

這篇詩文有18句，如果我們一個記憶椿子記憶一句的話，需要18個記憶椿子。先準備好下面兩幅圖：

圖1：臥室

記憶椿子：

1.帽子　　2.衣櫃　　3.錄音機　　4.小書櫃　　5.床頭櫃

6.小凳子　7.足球　　8.桌子　　　9.床頭　　　10.壁畫

在記憶文章的時候，我們要把自己定義成一個編劇，文章則是我們的劇本，每一個記憶椿子就是我們要編劇的場地，用我們的想像力把它導演出來。例如：

1.帽子——春江潮水連海平，海上明月共潮生。

想像：帽子裏源源不絕地湧出一股滔滔的春江水一下子變成了一個海平面，海上還升起一輪明亮的月亮。

2.衣櫃——灧灧隨波千萬裏，何處春江無月明!

想像：打開衣櫃一看，裏面的波濤奔騰而出，一瀉千萬裏，到處都是江水和月亮。

3.錄音機——江流宛轉繞芳甸，月照花林皆似霰。

想像：錄音機內有一條江流在不停地打轉，還有一束月光照着一朵花，非常美麗。

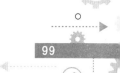

4.小書櫃——空裏流霜不覺飛，汀上白沙看不見。

想像：小書櫃中有很多流動的霜飛來飛去，有些白沙若隱若現。

5.床頭櫃——江天一色無纖塵，皎皎空中孤月輪。

想像：床頭櫃中江天一色，顯得乾乾淨淨，從中冒出一個像車輪那麼大的月亮。

6.小凳子——江畔何人初見月？江月何年初照人？

想像：小凳子下面有一條江，江畔站着一個小人兒，人望着江月，江月映照着人。

7.足球——人生代代無窮已，江月年年只相似。

想像：足球的一邊生出無數個小人兒，另一邊生出無數個一模一樣的月亮。

8.桌子——不知江月待何人，但見長江送流水。

想像：桌子上站着一個人，他望着桌面上的一條長江滔滔東去。

9.床頭——白雲一片去悠悠，青楓浦上不勝愁。

想像：床頭生出一片白雲悠悠，落下的楓葉蓋住了一個愁容滿面的人。

10.壁畫——誰家今夜扁舟子？何處相思明月樓？

想像：壁畫上出現了一葉扁舟，上面載着一個相思的人，撞上了一棟月光照耀的小樓！

圖2：廚房

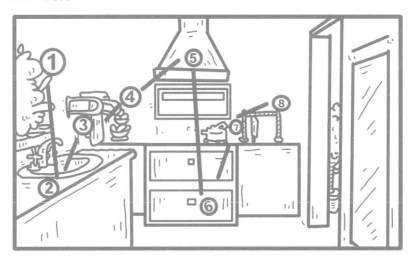

記憶樁子：

1.花盆　　　　2.洗手盤　　3.毛巾　　4.水果

5.抽油煙機　　6.抽屜　　　7.水壺　　8.刀架

剩下的部分自己練習一下吧：

1.花盆——可憐樓上月徘徊，應照離人妝鏡臺。

想像：＿＿＿＿＿＿＿＿＿＿＿＿＿＿＿＿＿＿＿＿＿

2.洗菜池——玉戶簾中卷不去，擣衣砧上拂還來。

想像：＿＿＿＿＿＿＿＿＿＿＿＿＿＿＿＿＿＿＿＿＿

3.毛巾——此時相望不相聞，願逐月華流照君。

想像：＿＿＿＿＿＿＿＿＿＿＿＿＿＿＿＿＿＿＿＿＿＿＿＿

4.水果——鴻雁長飛光不度，魚龍潛躍水成文。

想像：＿＿＿＿＿＿＿＿＿＿＿＿＿＿＿＿＿＿＿＿＿＿＿＿

5.油煙機——昨夜閑潭夢落花，可憐春半不還家。

想像：＿＿＿＿＿＿＿＿＿＿＿＿＿＿＿＿＿＿＿＿＿＿＿＿

6.抽屜——江水流春去欲盡，江潭落月複西斜。

想像：＿＿＿＿＿＿＿＿＿＿＿＿＿＿＿＿＿＿＿＿＿＿＿＿

7.水壺——斜月沉沉藏海霧，碣石瀟湘無限路。

想像：＿＿＿＿＿＿＿＿＿＿＿＿＿＿＿＿＿＿＿＿＿＿＿＿

8.刀架——不知乘月幾人歸，落月搖情滿江樹。

想像：＿＿＿＿＿＿＿＿＿＿＿＿＿＿＿＿＿＿＿＿＿＿＿＿

怎麼樣，是不是感覺很爽？再從頭到尾回顧幾遍，畫面愈清晰愈好。
並嘗試逐句倒背、任意抽背、點背。

接下來，你可以按照同樣的方式嘗試挑戰背誦下面這篇經典文章。

《長恨歌》

唐·白居易

1.漢皇重色思傾國，禦宇多年求不得。

2.楊家有女初長成，養在深閨人未識。

3.天生麗質難自棄，一朝選在君王側。

4.回眸一笑百媚生，六宮粉黛無顏色。

5.春寒賜浴華清池，溫泉水滑洗凝脂。

6.侍兒扶起嬌無力，始是新承恩澤時。

7.雲鬢花顏金步搖，芙蓉帳暖度春宵。

8.春宵苦短日高起，從此君王不早朝。

9.承歡侍宴無閒暇，春從春遊夜專夜。

10.後宮佳麗三千人，三千寵愛在一身。

11.金屋妝成嬌侍夜，玉樓宴罷醉和春。

12.姊妹弟兄皆列土，可憐光彩生門戶。

13.遂令天下父母心，不重生男重生女。

14.驪宮高處入青雲，仙樂風飄處處聞。

15.緩歌慢舞凝絲竹，盡日君王看不足。

16.漁陽鼙鼓動地來，驚破霓裳羽衣曲。

17.九重城闕煙塵生，千乘萬騎西南行。

18.翠華搖搖行複止，西出都門百餘里。

19.六軍不發無奈何，宛轉蛾眉馬前死。

20.花鈿委地無人收，翠翹金雀玉搔頭。

21.君王掩面救不得，回看血淚相和流。

22.黃埃散漫風蕭索，雲棧縈紆登劍閣。

23.峨眉山下少人行，旌旗無光日色薄。

24.蜀江水碧蜀山青，聖主朝朝暮暮情。

25.行宮見月傷心色，夜雨聞鈴腸斷聲。

26.天旋地轉回龍馭，到此躊躇不能去。

27.馬嵬坡下泥土中，不見玉顏空死處。

28.君臣相顧盡沾衣，東望都門信馬歸。

29.歸來池苑皆依舊，太液芙蓉未央柳。

30.芙蓉如面柳如眉，對此如何不淚垂。

31.春風桃李花開日，秋雨梧桐葉落時。

32.西宮南內多秋草，落葉滿階紅不掃。

33.梨園弟子白髮新，椒房阿監青娥老。

34.夕殿螢飛思悄然，孤燈挑盡未成眠。

35.遲遲鐘鼓初長夜，耿耿星河欲曙天。

36.鴛鴦瓦冷霜華重，翡翠衾寒誰與共。

37.悠悠生死別經年，魂魄不曾來入夢。

38.臨邛道士鴻都客，能以精誠致魂魄。

39.為感君王輾轉思，遂教方士殷勤覓。

40.排空馭氣奔如電，升天入地求之遍。

41.上窮碧落下黃泉，兩處茫茫皆不見。

42.忽聞海上有仙山，山在虛無縹緲間。

43.樓閣玲瓏五雲起，其中綽約多仙子。

44.中有一人字太真，雪膚花貌參差是。

45.金闕西廂叩玉扃，轉教小玉報雙成。

46.聞道漢家天子使，九華帳裏夢魂驚。

47.攬衣推枕起徘徊，珠箔銀屏迤邐開。

48.雲鬢半偏新睡覺，花冠不整下堂來。

49.風吹仙袂飄飄舉，猶似霓裳羽衣舞。

50.玉容寂寞淚闌干，梨花一枝春帶雨。

51.含情凝睇謝君王，一別音容兩渺茫。

52.昭陽殿裏恩愛絕，蓬萊宮中日月長。

53.回頭下望人寰處，不見長安見塵霧。

54.惟將舊物表深情，鈿合金釵寄將去。

55.釵留一股合一扇，釵擘黃金合分鈿。

56.但教心似金鈿堅，天上人間會相見。

57.臨別殷勤重寄詞，詞中有誓兩心知。

58.七月七日長生殿，夜半無人私語時。

59.在天願作比翼鳥，在地願為連理枝。

60.天長地久有時盡，此恨綿綿無絕期。

這篇詩文用記憶宮殿能很輕鬆地背誦下來，要點在於：把自己定義成一位編劇，文章即是你的劇本，根據劇本將想像出的圖像或情景逐次定位在記憶樁子上。

當文章能很輕鬆地搞定了，就可以去挑戰背誦整本書，只需要增加你的記憶樁子即可。推薦可以從《弟子規》、《道德經》開始記憶。

不過，個人建議，記憶宮殿只是一個工具，對於經典的書籍和文章不建議大用特用，儘量通過熟讀成誦的方式來背誦，這樣可以進入潛意識中。所以，背誦經典的文章和書籍時，運用記憶宮殿時要把握一個原則，即以盡可能少的記憶樁子記憶盡可能多的內容。

如果一句話定位一個樁子，這樣就會把原文分解得支離破碎，甚至造成對原文的曲解。所以，要以少記多，一個樁子能記憶的就不用兩個，兩個樁子能記憶的就不用三個……當你通過記憶宮殿的方式記下來之後，就大量地熟讀，直到最後能夠脫離記憶樁子。

當然，背誦一整本書，可以說是一個不小的工程，不僅要考驗你的技術、策略，同時還考驗你的意志力、耐力、勇氣等。對於一個渴望挑戰自我、超越自我的人來說，這些都是必備的品質。

☆ 記憶界的健力士世界紀錄都是運用記憶宮殿創造的。

☆ 文章的記憶步驟是先通讀後定位。

☆ 背誦經典的文章和書籍時，要以盡可能少的記憶樁子記憶盡可能多的內容。

記憶宮殿的神奇拓展

記憶宮殿，從本質上來説就是一套圖像定位系統。圖像定位系統就是在大腦中建立一套固定、有序的定位系統，在記憶新知識的時候，通過聯想和想像，把知識按順序儲存在與其相對應的定位元素上，從而實現快速記憶、快速保存和快速提取的方法。

理解了記憶宮殿的定義，並滿足了「熟悉」「有序」這兩個原則後，我們就可以自行構建一系列的定位系統，比如：

數字：1、2、3、4、5、6……

地點：家、學校、公園、公司、街道、社區……

人物：爺爺、奶奶、爸爸、媽媽、哥哥、姐姐……

身體：頭、眼睛、耳朵……

生肖：鼠、牛、虎、兔、龍……

字母：A、B、C、D……

除了以上的定位系統，還可以演化出熟語定位系統，甚至是萬事萬物定位系統。

那麼，甚麼是熟語定位系統呢？

其實，文字也可以作為記憶椿子，常見的熟語對我們來説不僅熟悉，而且有其內在的順序。舉例説明如下：

例1：記憶歷史題中「商鞅變法」的主要內容。

一、廢井田，開阡陌

二、獎勵軍功

三、建立縣制

四、獎勵耕織

我們可以直接用「商鞅變法」四個字作為記憶樁子，於是就變成了：

商──廢井田，開阡陌

鞅──獎勵軍功

變──建立縣制

法──獎勵耕織

然後只需要做「西瓜──可樂」式的基本聯想就可以了。

具體聯結過程如下：

商──廢井田，開阡陌

想像：大家一起商量一下要不要廢掉「井」字形的田，再開一千畝大沙漠。

鞅——獎勵軍功

想像：軍隊打了勝仗，每人賞一隻羊（「鞅」諧音成「羊」），大家
同歡！

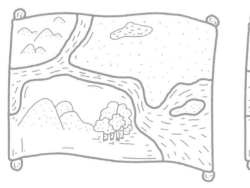

變——建立縣制

想像：地圖上開始發生變化，變出一個個縣城、鄉村的圖像。

法——獎勵耕織

想像：耕田織布最好的人獎勵一幅畫（「法」諧音成「畫」）。

例2：記憶影響氣候的主要因素：洋流、海陸分佈、大氣環流、緯度。

我們可借助「春夏秋冬」一詞語來與之分別聯想。即：

春——洋流

夏——海陸分佈

秋——大氣環流

冬——緯度

具體聯結過程如下：

春——洋流

想像：春天因為下雨多，所以會有大量的雨水彙集造成洋流。

夏——海陸分佈

想像：夏天太陽一照，海水曬乾了，陸地顯現出來，海陸非常分明。

秋——大氣環流

想像：秋天落葉飄飄，隨着大氣不斷地打着環流。

冬——緯度

想像：冬天下的雪花變成一條條巨大的雪白的緯度線。

此外，還有很多我們熟悉的詩句、短語、歇後語都可以提煉出來，比如：白日依山盡，黃河入海流；床前明月光，疑是地上霜，舉頭望明月，低頭思故鄉；落霞與孤鶩齊飛，秋水共長天一色；人之初，性本善；豬八戒背媳婦……

這些都可以作為熟語定位系統的文字椿，文字椿用來記憶填空題、選擇題、簡答題有着獨到的優勢。我們可以直接把題目跟內容進行聯結綁定！

練習：

1.記憶中國四大盆地。

塔里木盆地、准格爾盆地、柴達木盆地、四川盆地

_____

_____

2.記憶中國四大火爐。

武漢、南京、重慶、南昌

_____

_____

3.記憶中國歷史上的五大古都。

西安、洛陽、開封、南京、北京

_____

_____

4.記憶世界四大洋七大洲。

四大洋：太平洋、大西洋、印度洋、北冰洋

七大洲：亞洲、非洲、南極洲、南美洲、北美洲、歐洲、大洋洲

_____

_____

那麼，甚麼是萬事萬物定位系統呢？

這個世界是既矛盾又統一的，有大就有小，有長就有短，有白就有黑，有高就有矮，有好就有壞，如果我們把一方作為樁子，另一方就可以跟它綁定。從這個意義上來說，只要一個事物存在，它就已經被另一個事物定位了，我們只需要去找到與之對應的關係即可。

比如天山雪蓮，請問雪蓮是長在哪裏？不是泰山，不是高山，不是華山，不是其他甚麼山，一定是天山，因為它們是對應的，或者說定位的。

所以，萬事萬物都可以被定位，只要你善於觀察，善於思考，循着這個思路，你就會有更大的想像力，找到無窮的定位系統。

☆ 圖像定位法能夠幫助你快速記憶、快速保存和快速
   提取信息。

☆ 圖像定位法的關鍵是熟悉和有序。

☆ 只要你善於觀察和思考，萬事萬物都可以被定位。

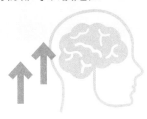

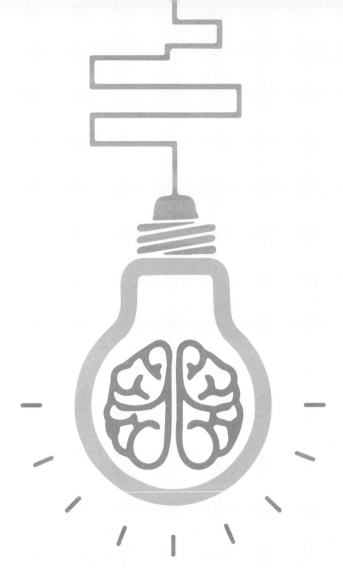

Chapter 5

快速撲克記憶

撲克牌是提高記憶的好工具

你想成為真正的記憶高手嗎？

你想擁有過目不忘的超強記憶力嗎？

這一章將要向你介紹世界記憶大師們的一項「絕世武功」——快速撲克記憶。

前面講過，任何一位世界記憶大師都要經過五項非常重要的基本訓練，分別是：數字練習、撲克練習、詞語練習、句子練習、文章練習。

經過研究發現，沒有經過這五項系統性基本訓練的人，收效都甚微。

為甚麼要練習撲克牌呢？練習撲克牌能提升我們的記憶力嗎？

如果我們想讓自己的身體變得更強壯，我們會去舉杠提重，借助一些健身工具。那麼如何鍛煉我們的大腦記憶力呢？

撲克牌就是一個非常好的工具！它有形，可以非常方便地拿在手裏，任意洗亂之後就會擁有新的組合，可以組合成無盡新奇的世界。

如果你想防止大腦衰老，是不是要保持大腦的活力？

如果你希望在一個領域裏有所成就，是不是需要很強的專注力？

如果你喜歡寫作，喜歡發明，喜歡科學和藝術，是不是需要豐富的想像力和創造力？

這些通過撲克牌的練習都可以幫你實現！

因為撲克練習的過程中，充分鍛煉了這些大腦綜合的潛在能力！

大約在30年前，科學家預言，人不可能在三分鐘內記住一副打亂的撲克牌，然而隨着世界腦力錦標賽的舉辦，優秀的記憶選手不斷湧現，這個預言被不斷地打破。經過大量的練習，很多選手都可以做到30秒記憶一副打亂的撲克牌。

「最強大腦」的選手王峰，也是我2011年參加世界腦力錦標賽的指導老師之一，已經將這一紀錄提高到了19秒。達到這個速度，可以説思維就已經進入了一種自由的境界，就像武俠小説中的「大俠」一樣來去自如，對任何東西都能快速破譯和記憶。

☆ 任何一位世界記憶大師都要經過數字練習、撲克練習、詞語練習、句子練習和文章練習這五項重要的基本訓練。

☆ 撲克牌可以提高你的記憶力、專注力、想像力和創造力。

☆ 經過大量的訓練，你也可以在30秒內記憶一幅打亂的撲克牌。

世界級撲克牌絕密訓練方法

那麼，到底撲克牌是如何提高記憶力的呢？

接下來將悄悄向你透露世界頂級記憶大師們在私底下獨自運用的絕密訓練方法！

首先要準備好兩樣工具：秒錶和記錄本。

秒錶可以幫助你集中注意力，並知道每次記憶所用的時間以便超越；記錄本是要記錄自己每次的成績、錯誤的修正以及練習的心得。

記憶一副撲克牌，從原理上來說，其實非常簡單，只需要兩個步驟：

———— 第一步：編碼 ————

甚麼叫編碼呢？就是將每一張撲克轉化成一個固定的圖像。編碼的方式，業界有很多種，但絕大部分人的編碼方式是不科學的。不科學的編碼會形成技術障礙，正因如此，有的人練習到一定速度就再也突破不了！就好像自行車無論速度多快都永遠趕不上電單車！

在這裏提供一種經過實踐檢驗的比較科學的編碼方式，也是我和諸位頂尖世界記憶大師們的編碼方式，那就是將每一張撲克牌完全跟數字密碼結合起來，如下：

	黑桃♠	紅桃♥	梅花♣	方塊♦
A	11	21	31	41
2	12	22	32	42
3	13	23	33	43
4	14	24	34	44
5	15	25	35	45
6	16	26	36	46
7	17	27	37	47
8	18	28	38	48
9	19	29	39	49
10	10	20	30	40
J	51	52	53	54
Q	61	62	63	64
K	71	72	73	74

黑桃用數字「10~19」來編碼；

紅桃用數字「20~29」來編碼；

梅花用數字「30~39」來編碼；

方塊用數字「40~49」來編碼；

「J」用數字「51~54」來編碼；

「Q」用數字「61~64」來編碼；

「K」用數字「71~74」來編碼；

紅色Joker、黑白色Joker可以用「80」「90」來編碼，或其餘的數字都可以。

有的人將「JQK」用四大美女、四大天王或西遊記師徒四人等著名人物來編碼，其實這樣不太科學。為甚麼呢？因為，人物在我們頭腦中的區分度並不清晰，在飛速記憶的情況下，根本分不清誰是誰，甚至一隻大公雞和一隻鸚鵡都是分不清的！這就是有些人用人物進行編碼無法提速的原因。

所以，編碼中建議少用人物，全部用數字編碼，有兩大好處：

第一，全部用數字編碼非常系統。

第二，練習撲克就等於練習了數字，雙重訓練。

當編碼確定好了之後，接下來就要練習基本功，包括讀牌和聯牌。

甚麼叫讀牌呢？讀牌就是把牌打亂之後，每看到一張牌都能快速地反應出它對應的數字，進一步能反應出相應的圖像，直至快到一瞬間就能將圖像活靈活現地從牌裏反應出來。

比如看到「梅花5」，立刻反應出是「35」，一隻老虎朝你撲面而來；看到「方塊4」，立刻反應出是「44」，一條蛇猛撲過來一下將你的脖子狠狠地纏住……

開始讀牌的時候，會情不自禁地發出聲音，練習一個月到一個半月的時間之後，這一現象才會慢慢消失。音讀現象消失之後說明你的速度已經相當快了。要做到看到撲克就能立刻反應出數字和圖像，看到數字和圖像同樣能立刻反應出撲克。

甚麼叫聯牌呢？聯牌就是把撲克的圖像進行兩兩相聯，一對一對地聯結在一起，然後翻開一張看能不能想起另一張，如果能，就說明聯結方式是有效的，如果不能就說明聯結的方式是無效的，用本子記錄下來反復琢磨。

比如，「紅桃7」與「黑桃5」，「梅花3」與「紅桃6」……一個巨大的耳機夾住了一隻活蹦亂跳的鸚鵡，一道銀白色的閃電把河流劈成兩半……蓋住「紅桃7」是否能想起鸚鵡（黑桃5），蓋住「梅花3」是否能想

起河流（紅桃6）……兩兩相聯，或者三三相聯，四四相聯……

　　讀牌和聯牌都是基本功，將直接決定記牌的速度！所以，一定要下功夫，大量地瘋狂地練習。

—— 第二步：定位 ——

　　這就要用上你準備好的記憶宮殿，把每兩張撲克綁定在一個記憶樁子上，一副撲克牌只需要27個記憶樁子就可以完全記憶下來。

　　有的人會問，一張牌一個樁子，或者三張、四張牌一個樁子可不可以呢？當然可以了，這並沒有對錯之分！一般來講，兩張牌放在一個記憶樁子上是最好的，世界紀錄就是這樣創造出來的，所以我們只要循着前人的腳步，把簡單的練到極致。

　　仍以下圖為例：

1.大狗　　2.窗簾　　3.椅子　　4.電腦　　5.花瓶

6.床頭　　7.小櫃　　8.大櫃　　9.靠墊　　10.床尾

要記憶的撲克牌是：

紅桃6　　紅桃9　　梅花3　　方塊8　　方塊4　　黑桃6　　梅花8　　梅花J

紅桃8　　黑桃10　黑桃7　　紅桃10　方塊A　　方塊3　　紅桃Q　　黑桃5

方塊9　　梅花4　　梅花5　　方塊K

對應的數字密碼分別是：

26、29、33、48、44、16、38、53

28、10、17、20、41、43、62、15

49、34、35、74

這就回歸到本書前面介紹的記憶數字的部分了，你只需要一個小型的記憶宮殿就可以將一副撲克做到倒背如流。

為了檢驗你記憶的準確性，可以用另外一副撲克把它復原出來。

通過大量的練習，你記憶的速度就會愈來愈快！與此同時，你的注意力、想像力、創造力、反應速度也會有巨大的提升。

　　值得提醒的是，撲克牌的編碼和記憶樁子是一個不斷優化的過程，隨着練習的增加，你會發現暴露出這樣或那樣的問題都是很正常的，只需要不斷地去修正調整即可。從訓練開始直到比賽的當天，我的編碼和樁子都一直處在優化和微調之中。達到極致的編碼和樁子已經完全與之前的不同，可以説與原來的模樣已經天差地別了。不過對於初學者來説，這套編碼已經足夠用了。

☆ 記憶一幅撲克牌，從原理上説只需要兩個步驟：編碼和
　　定位。

☆ 撲克牌記憶中編碼要少用人物，儘量全部用數字編碼。

☆ 讀牌和聯牌是撲克牌記憶練習的基本功。

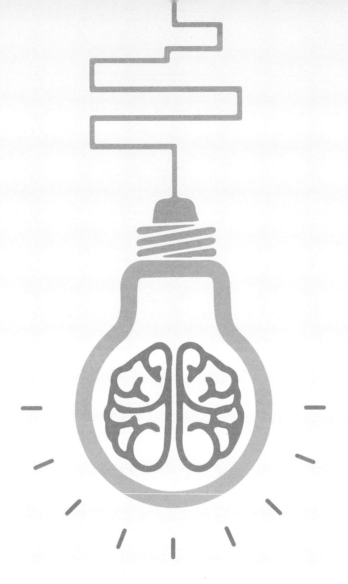

Chapter 6

高效記憶法的實踐運用

學習運用之英語單詞

學習了這樣的高效記憶方法，到底能給我們的學習和生活方面帶來哪些實際的幫助呢？我們一起來看看！

通過前面對記憶術的介紹和訓練可以知道，萬事萬物都有記憶的方法，英語單詞也不例外。那麼，英語單詞如何來記憶呢？

一般人只會死記硬背，我在學生時代也是這樣的，後來在記憶練習中，我總結了一個規律：關鍵是要學會把記憶的原理進行遷移——也就是聯想，用熟悉的知識代替陌生的知識去記憶。舉幾個簡單的例子：

gloom〔glu:m〕憂鬱

這個單詞按照我們以前的方法來記憶，是「g-l-o-o-m——憂鬱」，然後就像念經一樣不停地念叨！以這種方式，我們要記憶五個字母加其單詞含義，一共是六個記憶的元素！

現在我們通過所學的記憶法來記憶。先來觀察單詞，「gloo」像數字「9100」，「m」可以是數學計量單位「米」，加上單詞含義「憂鬱」，就變成了三個記憶的元素，從量上就降低了難度！再用我們的想像力構造出一幅生動的畫面，一下就記住了！例如：

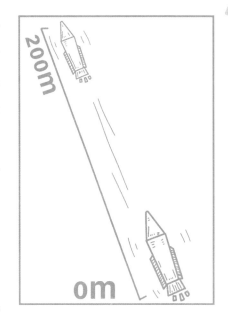

gloom [glu:m] 憂鬱

拆分：9100+米　憂鬱

想像：體育老師讓你馬上去跑9100米，立馬讓人感覺很憂鬱。

zoom [zu:m] 急劇上升

拆分：200+米

想像：火箭一瞬間急劇上升200米。

capacity [kə'pæsəti] 容量、能力

拆分：cap（帽子）+a（一個）+city（城市）

想像：一個神奇的巨大的帽子蓋住了一座城市，說明這個帽子容量大能力強。

spark〔spɑːk〕火花

拆分：s（蛇）+park（公園）

想像：一條巨大的蛇在公園裏吐火花。

candidate〔kændidət〕候選人

拆分：can（能）+did（做）+ate（吃）

想像：總統身後跟着一個能做又能吃的人，他就是候選人。

　　相信以上的一些例子已經給了你一些靈感和啟發，從理論上講任何一個單詞都可以進行拆分加聯想的方式來進行有效的記憶，只要你善於觀察和思考。

　　記憶個別的單詞靠技巧就可以，但如果你想記憶大量的單詞，比方說你想用半天的時間把一個學期的單詞記住，這就需要系統和策略。

─── 黃金策略一　定時定量 ───

　　準備好一隻秒錶，定下需要記憶的單詞總量，同時評估出時間總量，比如接下來的兩天要記憶500個單詞，那麼這兩天就要排除一切干擾，集中注意力，重點突破。然後進行目標分解，每天記憶250個，每半天記憶125個，半天按四小時計算，平均每小時記憶30個，掌握了方法之後這個目標是非常容易完成的。所以明確目標，定時定量，就相當於完成了一半。

黃金策略二　不拘於細節

在記憶大量單詞的時候，要注重大局，不要被個別的細節打亂節奏。就像打一場大戰，要看清整個戰局，一旦拿下大局，從心理上來說感覺就不一樣了，然後再逐步肅清個別的頑固分子。

黃金策略三　三度策略

一是速度，以最快的速度拿下大局，獲得心理上的制勝。

二是準確度，第一遍攻下之後，進行信息核對檢驗，對模糊的、錯誤的、有誤差的地方進行優化和修正。

三是精度，經過前面幾輪的突擊之後，對殘餘的頑固分子，需要提出來進行單獨的重點攻破！

這三度策略也是我在背誦《道德經》的實踐過程中總結出來的。記住：沒有人能夠一次性就做到精確無誤，都需要反復的修正和優化。

黃金策略四　高頻率反復背誦

研究發現，人的大腦更適合大量的快速的記憶。與其用五分鐘記憶一個單詞，不如分10次記憶，每次只用半分鐘，結果表明，後者記憶的效果更深刻更持久。掌握了好的方法，仍然需要複習，最好是按照遺忘規律來進行科學的複習。

────── 黃金策略五　活記活用 ──────

　　我們不僅要靈活地記憶單詞，更重要的是活學活用。單獨地記憶單詞是不夠的，還要還原到句子中、文章中，最好是能還原到生活的情景中，這樣記憶會更深刻、更持久。

　　接下來設定你的目標，開始你的單詞攻破之旅吧！

☆ 準確高效的記憶需要反復的修正和優化。

☆ 短期記憶海量單詞要注意五大黃金策略。

☆ 單詞記憶要以效果為中心，效果好的方法就是好方法。

學習運用之歷史事件

對於一些重要的歷史事件，主要包括兩大部分：時間和事件。考試的時候令人頭疼的是：知道事件想不起時間，或者給出時間，又記不起具體事件。

現在我們來看看如何記憶歷史事件：

1.1069年　　　　　王安石變法

2.公元前221年　　　秦始皇統一中國

3.1941年12月7日　　珍珠港事件

記憶：

1.「10」和「69」分別是「棒球」和「太極」，王安石變法的時候是怎麼變的呢？非常悠閒，拿着棒球打着太極就完成。

2.「221」拆分成「22」和「1」，分別是「雙胞胎」和「蠟燭」，「公元前」轉化成「公園前」，秦始皇統一中國後來到一個公園前，公園前有很多雙胞胎舉着蠟燭在山呼海拜。

3.「19」「41」「12」「7」分別是「藥酒」「司儀」「椅兒」「鐮刀」，珍珠港被轟炸後，滿地都是破碎的藥酒、死傷的司儀、破爛椅兒和鐮刀。

是不是很簡單？

現在來練習一下：

1.1905年　德國物理學家愛因斯坦提出狹義相對論和光速不變原理。

2.1914年7月28日—1918年11月11日　第一次世界大戰。

3.1939年9月1日—1945年9月2日　第二次世界大戰。

4.1939年6月3日　林則徐虎門銷煙。

5.1969年7月　美國宇航員尼爾‧岩士唐代表人類第一次登上月球。

6.1972年　尼克遜訪華。

7.2001年9月11日上午　「911」事件。

請用上面所介紹的記憶法檢驗一下是否能記住。

學習運用之元素週期表

在學習化學的過程中，如果能對整個元素週期表瞭如指掌，可以說相當於在化學領域的海洋中擁有了一張導航圖。

俄國科學家門捷列夫窮盡畢生的才智終於找到打開萬物世界的神秘鑰匙，那就是元素按原子序數逐次遞增的排佈規律，當年他根據這張元素週期表，預言了幾種當時還未發現的神秘元素，引起了科學界的極大震動。

在整個中學階段，主要是掌握前20個元素及八大主軸元素的性質規律。把握了這一點，你就把握了中學階段化學學習80%的精華。

化學元素周期表

周期	IA	IIA	IIIB	IVB	VB	VIB	VIIB		VIII		IB	IIB	IIIA	IVA	VA	VIA	VIIA	
1	1 H 氫 1.0079																	2 He 氦 4.0026
2	3 Li 鋰 6.941	4 Be 鈹 9.0122											5 B 硼 10.811	6 C 碳 12.011	7 N 氮 14.007	8 O 氧 15.999	9 F 氟 18.998	10 Fe 氖 20.17
3	11 Na 鈉 22.9898	12 Mg 鎂 24.305											13 Al 鋁 26.982	14 Si 硅 28.085	15 P 磷 30.974	16 S 硫 32.06	17 Cl 氯 35.453	18 Ar 氬 39.94
4	19 K 鉀 39.098	20 Ca 鈣 40.08	21 Sc 鈧 44.956	22 Ti 鈦 47.9	23 V 釩 50.9415	24 Cr 鉻 51.996	25 Mn 錳 54.938	26 Te 鐵 55.84	27 Co 鈷 58.9332	28 Ni 鎳 58.69	29 Cu 銅 63.54	30 Zn 鋅 65.38	31 Ga 鎵 69.72	32 Ge 鍺 72.59	33 As 砷 74.9216	34 Se 硒 78.9	35 Br 溴 79.904	36 Kr 氪 83.8
5	37 Rb 銣 85.467	38 Sr 鍶 87.62	39 Y 釔 88.906	40 Zr 鋯 91.22	41 Nb 鈮 92.9064	42 Mo 鉬 95.94	43 Tc 鎝 99	44 Ru 釕 101.07	45 Rh 銠 102.906	46 Pd 鈀 106.42	47 Ag 銀 107.868	48 Cd 鎘 112.41	49 In 銦 114.82	50 Sn 錫 118.6	51 Sb 銻 121.7	52 Te 碲 127.6	53 I 碘 126.905	54 Xe 氙 131.3
6	55 Cs 銫 132.905	56 Ba 鋇 137.33	57-71 La-Lu 鑭系	72 Hf 鉿 178.4	73 Ta 鉭 180.947	74 W 鎢 183.8	75 Re 錸 186.207	76 Os 鋨 190.2	77 Ir 銥 192.2	78 Pt 鉑 195.08	79 Au 金 196.967	80 Hg 汞 200.5	81 Tl 鉈 204.3	82 Pb 鉛 207.2	83 Bi 鉍 208.98	84 Po 釙 (209)	85 At 砹 (201)	86 Rn 氡 (222)
7	87 Fr 鈁 (223)	88 Ra 鐳 226.03	89-103 Ac-Lr 錒系	104 Rf 鑪 (261)	105 Db 𨧀 (262)	106 Sg 𨭎 (266)	107 Bh 𨨏 (264)	108 Hs 𨭆 (269)	109 Mt 䥑 (268)	110 Ds 鐽 (271)	111 Rg 錀 (272)	112 Uub (285)	113 Uut (284)	114 Uuq (289)	115 Uup (288)	116 Uuh (292)	117 Uus	118 Uuo

鑭系	57 La 鑭 138.905	58 Ce 鈰 140.12	59 Pr 鐠 140.91	60 Nd 釹 144.2	61 Pm 鉕 147	62 Sm 釤 150.4	63 Eu 銪 151.96	64 Gd 釓 157.25	65 Tb 鋱 158.93	66 Dy 鏑 162.5	67 Ho 鈥 164.93	68 Er 鉺 167.2	69 Tm 銩 168.934	70 Yb 鐿 173.0	71 Lu 鎦 174.96
錒系	89 Ac 錒 (227)	90 Th 釷 232.03	91 Pa 鏷 231.03	92 U 鈾 238.02	93 Np 鎿 237.04	94 Pu 鈈 (244)	95 Am 鋂 (243)	96 Cm 鋦 (247)	97 Bk 錇 (247)	98 Cf 鐦 (251)	99 Es 鑀 (254)	100 Fm 鐨 (257)	101 Md 鍆 (258)	102 No 鍩 (259)	103 Lr 鐒 (260)

元素週期表中前20個元素：

氫、氦、鋰、鈹、硼、碳、氮、氧、氟、氖、

鈉、鎂、鋁、矽、磷、硫、氯、氬、鉀、鈣

八大主軸元素分別是：

第一主軸：氫、鋰、鈉、鉀、銣、銫、鍅

第二主軸：鈹、鎂、鈣、鍶、鋇、鐳

第三主軸：硼、鋁、鎵、銦、鉈

第四主軸：碳、矽、鍺、錫、鉛

第五主軸：氮、磷、砷、銻、鉍

第六主軸：氧、硫、硒、碲、釙

第七主軸：氟、氯、溴、碘、砈

第八主軸：氦、氖、氬、氪、氙、氡

記憶的策略：前20個元素可以用1~20的數字密碼來定位，這樣與原子序數也正好對應，八大主軸元素可以用串聯故事法，分別串聯成八個小故事。

例1：

1.蠟燭——氫

想像：用蠟燭點爆氫彈。

2.鴨子——氦

想像：鴨子吃害蟲。

3.耳朵——鋰

想像：耳朵裏鑽出一節鋰電池。

相信你已經掌握思路了，接下來的交給你來做練習吧。

4.帆船——鈹

想像：＿＿＿＿＿＿＿＿＿＿＿＿＿＿＿＿＿＿＿＿＿＿

5.鉤子——硼

想像：＿＿＿＿＿＿＿＿＿＿＿＿＿＿＿＿＿＿＿＿＿＿

6.勺子——碳

想像：＿＿＿＿＿＿＿＿＿＿＿＿＿＿＿＿＿＿＿＿＿＿

7.鐮刀——氮

想像：＿＿＿＿＿＿＿＿＿＿＿＿＿＿＿＿＿＿＿＿＿＿

8.葫蘆——氧

想像：＿＿＿＿＿＿＿＿＿＿＿＿＿＿＿＿＿＿＿＿＿＿

9.口哨——氟

想像：＿＿＿＿＿＿＿＿＿＿＿＿＿＿＿＿＿＿＿＿＿＿

10.棒球——氖

想像：＿＿＿＿＿＿＿＿＿＿＿＿＿＿＿＿＿＿＿＿＿＿

11.梯子——鈉

想像:＿＿＿＿＿＿＿＿＿＿＿＿＿＿＿＿＿＿＿＿＿＿

12.椅兒——鎂

想像：＿＿＿＿＿＿＿＿＿＿＿＿＿＿＿＿＿＿＿＿＿＿

13.醫生——鋁

想像：＿＿＿＿＿＿＿＿＿＿＿＿＿＿＿＿＿＿＿＿＿＿

14.鑰匙——矽

想像：＿＿＿＿＿＿＿＿＿＿＿＿＿＿＿＿＿＿＿＿＿＿

15.鸚鵡——磷

想像：＿＿＿＿＿＿＿＿＿＿＿＿＿＿＿＿＿＿＿＿＿＿

16.石榴——硫

想像：_____

17.儀器——氯

想像：_____

18.腰包——氫

想像：_____

19.藥酒——鉀

想像：_____

20.香煙——鈣

想像：_____

例2：

第一主軸：氫、鋰、鈉、鉀、銣、銫、鈁

想像：請（諧音「氫」）你（鋰）拿（鈉）一副盔甲（鉀）來，如（銣）果顏色（銫）鮮明又畫着方（鈁）格最好。

第二主軸：鈹、鎂、鈣、鍶、鋇、鐳

想像：披（鈹）着美（鎂）麗的鈣片累得要死（鍶），還背（鋇）着可怕的地雷（鐳）。

第三主軸：硼、鋁、鎵、銦、鉈

想像：我的朋（硼）友叫驢（鋁），她的嫁（鎵）妝是一個銀鉈（銦鉈）。

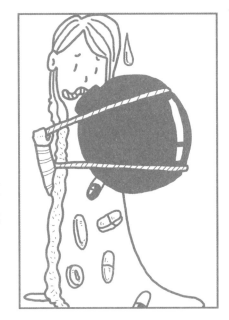

下面的也非常簡單，就讓你自己來完成吧。

第四主軸：碳、矽、鍺、錫、鉛

想像：_____

第五主軸：氮、磷、砷、銻、鉍

想像：_____

第六主軸：氧、硫、硒、碲、釙

想像：_____

第七主軸：氟、氯、溴、碘、砹

想像：_____

第八主軸：氦、氖、氬、氪、氙、氡

想像：_____

學習運用之地圖記憶

　　學習就是一次作戰，要有大的格局、宏觀的視野和高明的策略，地理的學習尤為如此。不論是人口、物產的分佈還是氣候的變化等，最後都可以歸結到一幅地圖上來研究，所以能把這一幅地圖收入心中是非常重要的，對你日後學習或旅遊來說都是非常實用的。

　　下面，我們來看看如何將中國地圖牢記於心，請讀者自行準備一張中國地圖對照閱讀。

　　通過觀察和分析，將整幅地圖分為四大部分就可以輕鬆地記憶下來：分別是東部、中部、西部、北部。

　　東部主要是：江浙滬一帶，加上安徽、福建及台灣、香港、澳門和海南（我們姑且稱為四島）。

　　中部主要是：黑龍江、吉林、遼寧、北京、天津、河北、河南、湖北、湖南、廣東、廣西、江西，再加上河北兩邊的山東和山西。

　　西部主要是：青海、西藏、新疆、甘肅、四川、貴州、重慶、雲南。

　　北部主要是：內蒙古、寧夏、陝西。

　　現在我們分別用四個小故事串聯起來：

　　東部：福建可以想像成一把寶劍，安徽轉化成平安。江浙滬一帶出現了一把寶劍，劍保四島平安，東部呈現的總體形象就是一把巨大的寶劍。

　　中部：黑龍江、吉林、遼寧、北京、天津合在一起就是「黑極鳥，北京的天啊」，它由北向南飛行，貫穿：河北、河南、湖北、湖南、廣東、廣西、江西和兩山（山東和山西），這條南北主線非常好記，單獨加強記

憶一下山東和山西就好了！中部呈現的總體形象是：一隻黑色大鳥由北向南貫穿飛行。

西部：一個青西瓜新鮮又甘甜，四斤貴重，滾到了雲南。西部呈現的總體形象就是：一個滾動的青色大西瓜。

北部：到了夏天，地圖內部蒙着一把寧靜的傘。北部呈現的總體形象就是：一把大傘。

經過這樣的想像，整個地圖上就出現了四個形象的物，分別是：

東部→劍

中部→大鳥

西部→西瓜

北部→傘

合在一起就是：一個西瓜一把傘、一隻大鳥一把劍。

怎麼樣，記下來了嗎？

請找一張空白地圖，根據你的記憶標出相應的省份。

學習運用之數理公式

在中學階段會有很多基本的數理公式需要記憶，如果能快速而精準地記憶一些重要的公式、數據、定理，將會對我們的學習和考試大有裨益。

據說，發明家愛迪生就能記住大量的實驗數據和公式，因此實驗的時候根本無須去翻閱資料，從而大大提高了工作的效率，也節省了大量的時間。

至於魔方的盲擰高手，他們一般也要記住成百上千個公式呢！

我們來看看如何記住一些必用的數據或公式。

例1：記憶三大宇宙速度。

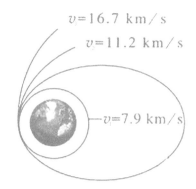

第一宇宙速度v_1=7.9km/s， 航天器沿地球表面做圓周運動時必須具備的速度，也叫「環繞速度」。

想像：「7.9」我們可以記成數字密碼「氣球」，自己抓住一個氣球就可以環繞地球飛行起來啦。其中的小數點及單位「km/s」需要重點加強記一下就可以了。

第二宇宙速度v_2=11.2km/s，當航天器超過第一宇宙速度v1達到一定值時，它就會脫離地球的引力場而成為圍繞太陽運行的人造行星，這個速度就叫作「第二宇宙速度」，亦稱「逃逸速度」。

想像：「11.2」我們可以記成數字密碼「一把椅兒」，自己坐上一把神奇的椅兒就可以飛出地球圍繞太陽旋轉，其中的小數點及單位「km/s」需要重點加強記一下。

第三宇宙速度v_3=16.km/s， 從地球表面發射航天器，飛出太陽系，到浩瀚的銀河系中漫遊所需要的最小速度，就叫作「第三宇宙速度」。

想像：「16.7」我們可以記成數字密碼「一桶油漆」，自己坐上一桶油漆竟然可以飛離太陽沖進宇宙去漫遊，小數點及單位「km/s」需要重點加強記一下。

只要想像出了這三幅有趣的畫面，相信三個宇宙速度的數值你一定會牢牢地記憶下來，這樣就會為我們做題和運算提供極大的方便。

需要注意的是，在記憶的時候我們要時刻清楚甚麼是真正的重點，甚麼是次要的，我們在通過轉碼的方式記憶的時候，原來的信息會發生一些變化，所以記憶完成後一定要精準地把信息還原回來。

在這裏，真正的主重點是三個數值，其他的小數點、單位，都是次重點。抓住主重點，次重點是做補充的。

要點在於，一定要想像出清晰的圖像，通過圖像對照原來的信息並進行精準的還原。

例2：記憶牛頓萬有引力公式。

$$F_{引} = G\frac{Mm}{r^2}$$

想像：「G」讀音「雞」，「M」和「m」可以想像成麥當勞，「r」很像樹杈形狀 。一隻大公雞看到了兩根樹杈，每根樹杈上都叉着一個漢堡包，很顯然，這樹杈r愈小，對這只雞的吸引力愈大，因為它愈容易吃到；Mm愈大，對這隻雞的吸引力也會愈大，因為對它的誘惑越大。所以萬有引力與距離「r」成反比，與兩者質量Mm成正比。

這樣利用想像來記憶會讓你覺得更形象、更有趣，印象也更深刻。

例3：記憶數學中的三角函數公式。

$$\tan(\alpha+\beta) = (\tan\alpha+\tan\beta) / (1-\tan\alpha\cdot\tan\beta)$$

還記得我們前面講過如何把抽象轉化成形象的規律中有一條叫創新定義嗎？這裏「tan」可以定義成拼音「坦克」，「α」「β」可以定義成兩枚炮彈，「tanα」「tanβ」就是兩輛小坦克，「1」是數字密碼蠟燭，「-」可以定義成消滅，分子是兩隻坦克之和，分母是兩隻坦克之積，諧音成「雞」。

想像：一輛擁有α、β兩枚炮彈的巨型母坦克tan（α+β）開了一炮立馬就變樣了，變成了一支蠟燭去消滅兩隻小坦克tanα、tanβ和雞（即母坦克變成了蠟燭消滅小坦克和雞）。

怎麼樣，全部記下來了嗎？檢驗一下：

1.三大宇宙速度分別是：＿＿＿＿＿＿＿＿＿＿＿＿＿＿＿＿

2.牛頓萬有引力公式是：＿＿＿＿＿＿＿＿＿＿＿＿＿＿＿

3.三角函數公式是：＿＿＿＿＿＿＿＿＿＿＿＿＿＿＿＿＿＿

有的人會問，這樣記會不會造成曲解啊？當然會！如果你只是為記而記卻不注重理解的話。所以數理公式主要還是以理解的方式來記憶。

對於那些記憶比較困難的，應盡可能在理解的基礎之上，再巧妙地運用類似以上右腦形象記憶，就會如虎添翼，大大激發你的創造力和理解力。

偉大的科學家愛因斯坦不僅有着精妙絕倫的左腦推理思維能力，更有着無與倫比的右腦想像思維能力。正因如此，他才成為人類有史以來最具創造力的才智人物之一。

還記得我們講過的一個非常重要的觀念嗎：有效果比有道理更重要！在學習的時候我們以效果為導向，如果是對我們有幫助有啟發的就是好方法，就應當以更開放的觀念和思維去接受它。

生活運用之人肉照相機

「啊……你好，你是那個誰來着……」

你是否經常遭遇這樣的尷尬，突然遇到一個久未見面的老朋友話到嘴邊卻叫不出他的名字，或者結識了一幫新朋友總是擔心自己記不住誰是誰？這裏就幫你來化解這樣的尷尬。這需要鍛煉你兩大能力：觀察力+想像力。

記憶人名和相貌的步驟是：第一步，快速將對方的姓名轉化成圖像；第二步，觀察對方突出的外貌特徵；第三步，以超凡的想像力將圖像與特徵進行誇張生動的聯結。比如：記憶李德平。

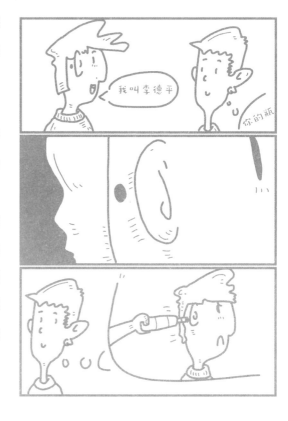

第一步快速轉化對方的名字為圖像，第二步用你的觀察力快速找出對方的突出特徵，第三步以你超凡的想像力想像出印象深刻的聯結畫面。

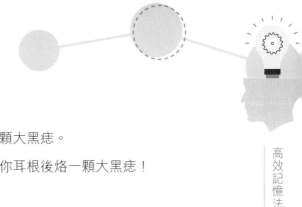

第一步，姓名轉化： 你的瓶。

第二步，突出特徵：耳根後有一顆大黑痣。

第三步，聯結畫面：用你的瓶給你耳根後烙一顆大黑痣！

練習：

1.崔國平

姓名轉化：脆果皮

突出特徵：黃色曲髮

聯結畫面：＿＿＿＿＿＿＿＿＿＿＿＿＿＿＿＿＿＿＿＿＿

2.張業屬

姓名轉化：裝耶穌

突出特徵：顴骨突出

聯結畫面：＿＿＿＿＿＿＿＿＿＿＿＿＿＿＿＿＿＿＿＿＿

3.蘇倩

姓名轉化：數錢

突出特徵：大嘴

聯結畫面：＿＿＿＿＿＿＿＿＿＿＿＿＿＿＿＿＿＿＿＿＿

4.馬思宇

姓名轉化：罵死魚

突出特徵：眼睛白色較多

聯結畫面：＿＿＿＿＿＿＿＿＿＿＿＿＿＿＿＿＿＿＿＿＿

6.葉偉光

姓名轉化：月尾光

突出特徵：皮膚光滑

聯結畫面：＿＿＿＿＿＿＿＿＿＿＿＿＿＿＿＿＿＿＿＿＿

7.李朗迪

姓名轉化：你狼踢

突出特徵：絡腮鬍

聯結畫面：＿＿＿＿＿＿＿＿＿＿＿＿＿＿＿＿＿＿＿＿

8.胡賢靈

姓名轉化：佛顯靈

突出特徵：禿頂

聯結畫面：＿＿＿＿＿＿＿＿＿＿＿＿＿＿＿＿＿＿＿＿

相信通過上面的練習，你已經掌握了如何記憶人名和相貌。

如果你是一個老師，新學期開學，要記憶全班幾十個學生的姓名，或者你經常去參加聚會要記憶很多新朋友的姓名，怎麼辦呢？

有一次，我們團隊受邀去平安保險公司進行演講，主講老師在上面演講，我在下面正好無事，就拿著他們的名單偷偷地把到場300多個人的姓名記了下來，然後跟主講老師溝通之後臨時給他們展示了一下，結果全場爆發出了雷鳴般的掌聲，大家都心服口服，後面的演講也非常順利。

那麼，我是如何做到的呢？

其實，很簡單，只要運用我們學過的數字密碼，然後與姓名一一聯結，就相當於記了300個詞語而已。通過訓練，你也完全可以做到。

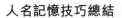

人名記憶技巧總結

☆ 當對方介紹自己的名字時，可禮貌地請他再重複一遍。

☆ 交換名片時，可以直接看見他的名字。

☆ 追根求源：問他名字的來源及意義。

☆ 在人多時多次提及。

☆ 利用間隙時間複習，多在心裏回憶。

☆ 照相留念，回去整理名片，將見面信息寫在名片上便於回憶。

有的人問：這次我記住她了，下次她換了衣服、圍巾、髮型，還去掉了嘴唇上那顆大黑痣，怎麼辦呢？

所以除上述信息以外，還要宏觀地進行綜合的觀察，包括對方的容貌、舉止、動作、習慣、語調、氣味、淵源、背景、夢想、職業、愛好、所處情景等因素。

要注意，這樣的想像都非常的誇張，你在記憶的時候只可以自己在心裏偷偷地樂，切記不可隨口告訴人家你是怎麼記的，一旦知道真相，結果可能就不那麼美妙了。

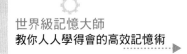

生活運用之竊聽風雲

「你拿張紙和筆，我給你留個電話號碼。」

「……呃，找不到紙和筆。」

想必你也遭遇過這樣的尷尬吧？我卻從來不會，因為我已經練就了一項「秘密武功」，那就是聽記號碼的能力。

每當一個新朋友說：「你拿手機記下我的號碼。」我都會說：「不用記，你直接說吧。」對方先是一驚，然後是半信半疑，當我瞬間就能把他的號碼倒背如流給他聽的時候，他就會投來無比驚詫和佩服的目光。

如何能做到快速聽記號碼呢？很簡單！

首先你要對數字編碼非常熟悉，然後要有無比快速想像的能力，其實就是你的基本功要紮實。

一般來講，別人報號碼都按照這樣的節奏：6989-7832，當然也有其他的節奏，698-97-832，都沒關係，總的來說會分為三大部分。當然，用聯想串聯記下來是沒問題的，如果基本功不紮實可能記得有點慢。最快速最巧妙的就是：情景定樁。在現場快速找出三個地點記憶樁子，然後定樁。

比如：你現在遇到了我，發現我正在電腦面前寫作，要記我的電話號碼9993-3496。通過觀察，我面前是一台電腦，電腦旁邊是一個小型喇叭，喇叭上方是窗台，所以你就臨時選定了電腦、喇叭和窗台三個地點為記憶樁子。

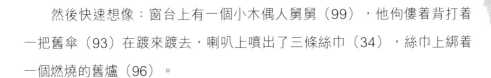

　　然後快速想像：窗台上有一個小木偶人舅舅（99），他佝僂着背打着一把舊傘（93）在踱來踱去，喇叭上噴出了三條絲巾（34），絲巾上綁着一個燃燒的舊爐（96）。

　　感覺怎麼樣，是不是圖像很清晰，現在你已經可以倒背如流了。

　　遇到任何一個人，你都可以運用情景定樁的方法將對方的號碼快速聽記下來。即使你想像得不是很快，把號碼切割成三部分之後，哪怕直接丟在樁子上你也可以記下來。

　　現在，就掏出你的手機來做個練習吧。把姓名和號碼一一對應一起記憶下來。

　　第一步：找到姓名後，大腦中第一時間反應出他所在的場景。

　　第二步：在他所在的場景中快速找出三個顯眼的地點作為記憶樁子。

　　第三步：號碼與樁子快速想像聯結。

　　運用這個方法，不論你的手機裏有50個、80個還是200個號碼，你都可以全部記憶下來，馬上試驗一下吧！

生活運用之名人演講與聽記歌詞

你是否喜歡演講和音樂？

我曾經有一個朋友，有一次他去聽演講，不帶任何紙筆，沒做一字筆記，回來之後他把長達三個多小時的演講內容跟我們分享。當然，這個朋友也不是一般人，他是為數稀少的世界記憶大師隊伍中的一員。他利用高效的記憶方法，記憶了海量的考研單詞和司法條款，順利地考上了北大的研究生。

他是如何做到的呢？

我愛好音樂，不過對於一些熟悉的歌卻經常記不起歌詞，後來我把記憶方法運用到其中，效果奇佳，一首歌聽一兩遍就能夠全部精準記住了。

我是如何做到的呢？接下來，我將向你一一透露秘密。

其實方法很簡單，就是利用上一節介紹的情景定樁法。

先說演講。

我們可以在演講現場迅速尋找一系列的地點樁子，比如台階、欄杆、桌椅、投影器、幕布、音響、鮮花……選好了地點樁子，然後根據演講的內容濃縮成一個個的意象依次放在地點樁子上就可以了。需要略微注意的是，我們不需要記住演講的每一個字，只需要掌握大綱脈絡或者核心要點就可以了，其他的都可以省略掉。所以要把握一個原則：化繁為簡、去粗存精。把盡可能多的內容簡化成盡可能少的意象，或者只記核心要點。

再說聽記歌詞。我們以周杰倫的《煙花易冷》為例。

《煙花易冷》

①

繁華聲　遁入空門　折煞了世人

夢偏冷　輾轉一生　情債又幾本

如你默認　生死枯等

枯等一圈　又一圈的年輪

②

浮屠塔　斷了幾層　斷了誰的魂

痛直奔　一盞殘燈　傾塌的山門

容我再等　歷史轉身

等酒香醇　等你彈　一曲古箏

③

雨紛紛　舊故里草木深

我聽聞　你始終一個人

斑駁的城門　盤踞着老樹根

石板上回蕩的是　再等

④

雨紛紛　舊故里草木深

我聽聞　你仍守着孤城

城郊牧笛聲　落在那座野村

緣分落地生根是　我們

⑤

聽青春　迎來笑聲　羨煞許多人

那史冊　溫柔不肯　下筆都太狠

煙花易冷 人事易分

而你在問 我是否還認真

⑥

千年後 累世情深 還有誰在等

而青史 豈能不真 魏書洛陽城

如你在跟 前世過門

跟着紅塵 跟隨我 浪跡一世

雨紛紛 舊故里草木深

……

伽藍寺聽雨聲 盼永恆

這首歌詞非常有意境，我以前總是記混。一次午睡前，我在聽的時候，稍微運用了一下情景定樁就再也不會弄錯了。

我在現場選了四個情景樁子：一張辦公桌、一個抽屜、一棵盆栽、一個書架。

在聽記之前，我們要把握一些大的規律，歌詞的高潮部分一般都能記住，還有一些段落的旋律是相同的。

所以，對於這首《煙花易冷》的歌詞，第③④節是高潮部分，就不用刻意記了，第①節與第⑤節有相同的旋律，第②節與第⑥節有相同的旋律，因此記住了第①②節的旋律也就記住了第⑤⑥節的旋律了！

對第①節我的大概意象是：想像在我的辦公桌上，推開一扇門，看見一個人在床上翻來覆去翻看幾本情書，旁邊站着一位白素的女子變成了木樁，木樁的截面上出現一圈又一圈的年輪。

　　對第②節我的大概意象是：想像拉開我的抽屜，看到一座浮屠塔一層層斷裂，塔中有一盞燈，山門殘破傾塌，我一轉身，看到一杯酒上升，旁邊一位白素女子彈起古箏。

　　第⑤節的地點樁子是一棵盆栽，你的意象是甚麼呢？

　　第⑥節的地點樁子是一個書架，你的意象是甚麼呢？

　　就這樣，這首歌很容易就記下來了。

　　你是否已經找到感覺了呢？如果你喜歡音樂卻記不住歌詞，馬上去試試吧！

生活運用之路癡找路

你有變成路癡的時候嗎？ 有時候經常要出差，需要記憶一些基本的路線，這時候記憶法就可以幫上很大的忙。比如：

從上海連城苑小區金橋路去東方明珠，路線如下：

想像畫面：拿着一把勺子（6號線）向太陽升起的東方體育中心的方向奔去，會在中途看到一條光明的世紀大道，我就跳下來，趕着一群鴨子（2號線），徐徐往京東商城的方向走（徐涇東），會路過一戶姓陸的人家，

他們的嘴大得出奇（陸家嘴），在這裏下車，尋找插滿蠟燭（1）的1號出口，然後就可以悠悠晃晃地去撿東方明珠啦。

再仔細回顧加深一下畫面，相信你已經記下來了。

路線你已經會記，現在要記一個具體的地址：上海浦東新金橋路6886號銀東大廈8樓8108大禹治水科技有限公司。

想像畫面：「上海浦東」不用記，你來到了一座金碧輝煌新建的大橋（新金橋路）下，看見橋上裝着一個巨大的喇叭（68）在喊着口令，下面走過一隊八路（86），你跟着八路穿過橋洞，又看到一棟銀光閃閃（銀東大廈）的葫蘆（8）形狀的摩天大樓，你爬上8樓，打開電梯，跟着一群白蟻（81）走，白蟻爬進了一個籬笆（08）圍成的公司，透過籬笆看過去，裏面有個大力士在攔截滔滔的洪水（大禹治水）。

回顧一下畫面，加深印象，相信你已經記下來了。

現在來練習一下記憶地址：

1.魯迅故里地址：紹興市越城區魯迅中路241號

2.圓明園地址：北京市海澱區清華西路28號

3.秦始皇兵馬俑地址：陝西省西安市臨潼區臨藍路

4.鳥巢地址：北京市朝陽區安定路甲3號

怎麼樣，有記住嗎？來檢驗一下：

1.魯迅故里地址：＿＿＿＿＿＿＿＿＿＿＿＿＿＿＿＿＿＿＿

2.圓明園地址：＿＿＿＿＿＿＿＿＿＿＿＿＿＿＿＿＿＿＿＿

3.秦始皇兵馬俑地址：＿＿＿＿＿＿＿＿＿＿＿＿＿＿＿＿

4.鳥巢地址：＿＿＿＿＿＿＿＿＿＿＿＿＿＿＿＿＿＿＿＿＿

生活運用之買菜回家

今天家裏來了客人，媽媽讓你上街買些菜回來，她馬上去找紙和筆準備把菜單寫給你，你可以瀟灑地告訴她：「不用啦，我可以記住！」她滿臉的驚訝和質疑，於是你快速地報道：「大白菜、香腸、饅頭、麵條、魚、辣椒、蓮藕、絲瓜、排骨、茄子、蘑菇、荷蘭豆……」

這個用連鎖故事法記下來簡直小菜一碟。

更好用的方法是前面講過的身體定位法。

1.頭部　2.眼睛　3.耳朵　4.鼻　5.嘴巴　6.雙手　7.背部　8.大腿

1.頭部——大白菜

想像：頭頂上莫名其妙長出一棵大白菜。

2.眼睛——香腸

想像：眼睛的睫毛彎彎，上面橫着兩根大香腸。

3.耳朵——饅頭

想像：一個調皮的饅頭從你的左耳朵進去從右耳朵鑽出來。

4.鼻子——麵條

想像：鼻涕從兩個鼻孔裏流出來，像麵條一樣。

下面的交給你來做練習吧：

5.嘴巴——魚

想像：＿＿＿＿＿＿＿＿＿＿＿＿＿＿＿＿＿＿＿＿＿＿＿＿＿＿

6.雙手——蓮藕

想像：＿＿＿＿＿＿＿＿＿＿＿＿＿＿＿＿＿＿＿＿＿＿＿＿＿＿

7.背部——排骨

想像：＿＿＿＿＿＿＿＿＿＿＿＿＿＿＿＿＿＿＿＿＿＿＿＿＿＿

8.大腿——茄子

想像：＿＿＿＿＿＿＿＿＿＿＿＿＿＿＿＿＿＿＿＿＿＿＿＿＿＿

不用説，回顧一遍你就可以做到倒背如流了。

身體定位法還可以幫你在生活中記憶甚麼呢？請你仔細思考一下。

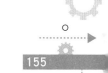

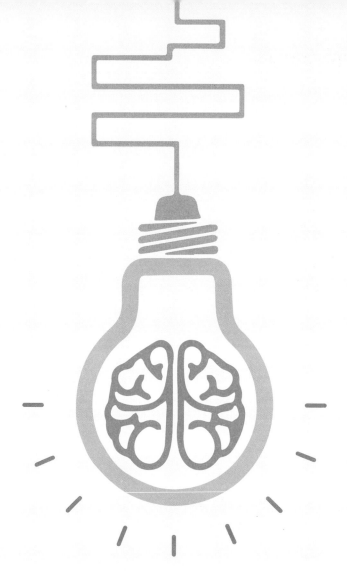

Chapter 7

一起進軍世界腦力錦標賽

一分鐘瞭解世界腦力錦標賽

世界腦力錦標賽由奧林匹克大腦運動會發起人、思維導圖發明人托尼‧博贊先生於1991年發起，一年一度世界巡迴舉辦，是世界上最高級別的腦力賽事。下表是世界腦力錦標賽的比賽項目和賽程：

三天賽程	上午	下午
第一天	抽象圖形	馬拉松數字
	二進制數字	
第二天	人名頭像	一小時撲克
	快速數字	
	歷史事件	
第三天	隨機詞匯	快速撲克
	聽記數字	

世界記憶大師的三項國際標準：

1.兩分鐘正確記憶一副打亂的撲克牌。

2.一小時正確記憶10副以上的撲克牌。

3.一小時正確記憶1000個以上的隨機數字。

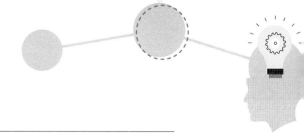

世界腦力錦標賽之抽象圖形

記憶項目名稱：抽象圖形

記憶時間：15分鐘　　回憶時間：30分鐘

第一張是記憶卷。由五張A4紙組成，每張有10行，每行有5幅圖（總的試卷一共有50行）。

第二張是回憶卷。與記憶卷的格式是一樣的，也是每行有5個圖形。（同一行內的圖形順序會打亂，但各行會維持原來的順序。）每一幅圖的下面會有一個方格，選手填入正確的順序號碼（從左到右）。

賽程規則：

參賽者會拿到面朝下的記憶卷。他們有一分鐘的安靜時間，最後10秒時會提醒他們，但不可以觸摸試卷。比賽會在標準的「腦細胞準備好！衝！」信號令發出後開始。

從翻卷起，參賽者有15分鐘的記憶時間。重要的是——書寫工具或測量工具不可以放在桌上或在記憶中使用。時間還剩最後5分鐘和最後1分鐘時會有提示。

時間到會收記憶卷，回憶卷會發下去（面朝下）。參賽者有30分鐘的時間在每行的每個圖形下寫下正確的順序號。參賽者沒必要填寫所有的行，可以按任意行序答題（即每一行是分別標記的）。會有最後15分鐘、5分鐘和1分鐘的提示。在30分鐘答題結束之際，參賽者要保證他們的名字寫好並將卷面朝下放在桌上等待收卷。

計分

每個正確的行給予5分。如果一行中有一個或更多的空格，則扣減一分。

抽象圖形問卷：

The World Memory Sports Council

Abstract Images

抽象圖形答卷：

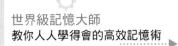
世界腦力錦標賽之二進制數字

記憶項目名稱：二進制數字

記憶時間：30分鐘　　回憶時間：60分鐘

記憶卷

電腦生成數字，每行30個數字，每頁25行（每頁750個數字），一共有4500個數字。如果想跟裁判者要更多的答題紙，必須在比賽前一個月提出。

回憶卷

參賽者使用提供的答題紙。如果參賽者想使用自己的答題紙，必須在賽前得到裁判者的同意。參賽者必須以每行 30個數字答題。自己的答題紙上必須按序號編號，並答題卷上的行必須和記憶卷上的行相對應（漏掉的行必須標明）。

計分

如果每行都按順序寫清楚，而且都正確的話，得30分；一行30個數字中如果出現一處錯誤（包括漏掉一個數字），給15分；如果一行30個數字中出現兩處錯誤（包括漏掉數字），給0分。僅對於最後一行：如果最後一行沒有寫完（比如只寫了19個數字），而且寫下的數字都正確的，那麼寫幾個就給幾分；如果最後一行沒有完成，而且有一處錯誤（包括漏寫一個數字），那麼只能給所寫數字一半的分（如果是奇數，比如19分，那麼得10分）。在最後具有決定性的分數中，勝利與否取決於額外的數字的分數，參賽者每寫對一個數字，則得具有決定意義的一分，取得最多分數的參賽者是獲勝者。

二進制數字問卷：

0 0 1 0 1 1 1 0 1 0 1 1 0 0 1 0 1 0 1 1 0 1 1 1 0 1 0 1 1 0

1 1 0 0 1 0 1 1 0 1 1 0 1 1 1 1 0 1 0 1 0 0 0 0 1 1 0 1 1 0

1 0 1 0 0 1 1 1 1 0 0 0 1 1 0 0 0 1 0 1 0 1 0 0 1 1 0 1 0

1 1 0 1 0 0 0 1 1 1 1 1 1 0 1 0 1 0 0 0 1 1 1 0 1 1 1 1 1

1 0 1 1 1 0 0 0 1 0 0 0 1 0 0 0 0 1 1 1 0 0 0 1 0 1 1 0 1 1

1 0 1 1 1 0 1 0 0 1 0 1 1 1 1 0 1 0 0 0 0 0 0 0 0 0 0 0 0

0 0 0 0 0 1 1 0 0 1 1 1 1 1 1 0 0 0 0 0 1 1 0 1 1 1 0 1 1 0

0 0 1 1 1 0 1 0 1 0 1 1 1 0 1 0 0 1 1 0 0 1 0 0 0 1 1 1 0 1

0 0 0 0 1 1 1 0 0 0 0 0 1 0 0 1 0 1 1 0 1 1 1 1 0 0 0 1 1 0

0 0 1 0 0 1 1 0 1 1 0 1 1 1 0 0 1 1 1 1 1 0 1 1 1 0 1 1 0 1

1 0 0 1 1 0 0 1 0 1 1 0 1 1 0 1 1 0 1 0 1 1 1 0 0 1 1 0 0 1

1 0 0 0 1 1 0 1 1 0 0 1 1 1 0 0 1 1 0 0 1 0 0 0 0 1 1 0 1 0

1 0 0 1 1 1 0 1 0 1 1 0 0 1 0 0 0 1 0 1 1 0 0 0 1 0 0 0 1 1

1 0 1 1 1 1 0 1 1 1 1 1 0 1 0 0 0 1 1 1 0 1 0 1 1 0 1 0 0 1

0 1 1 1 1 1 1 1 0 0 1 1 0 0 0 1 1 0 0 1 0 0 1 0 1 1 1 1 1 0

0 0 1 1 1 1 0 1 1 1 1 0 0 0 0 0 1 0 1 1 1 1 0 1 1 0 1 1 0 0

0 0 0 1 0 0 0 1 0 1 1 0 1 0 0 1 1 0 1 1 1 0 0 1 1 0 1 1 0 0

1 0 1 1 1 1 0 0 1 1 0 1 1 1 1 1 1 0 1 0 1 0 1 1 0 1 0 0 1 1 0 1

1 0 0 0 1 1 0 1 1 0 0 1 1 1 0 0 1 1 0 0 1 0 0 0 0 1 1 0 1 0

1 0 0 1 1 1 0 1 0 1 1 0 0 1 0 0 0 1 0 1 1 0 0 0 1 0 0 0 1 1

1 0 1 1 1 1 0 1 1 1 1 1 0 1 0 0 0 1 1 1 0 1 0 1 1 0 1 0 0 1

0 1 1 1 1 1 1 1 0 0 1 1 0 0 0 1 1 0 0 1 0 0 1 0 1 1 1 1 1 0

0 0 1 1 1 1 0 1 1 1 1 0 0 0 0 0 1 0 1 1 1 1 0 1 1 0 1 1 0 0

0 0 0 1 0 0 0 1 0 1 1 0 1 0 0 1 1 0 1 1 1 0 0 1 1 0 1 1 0 0

1 0 1 1 1 1 0 0 1 1 0 1 1 1 1 1 1 0 1 0 1 1 0 1 0 0 1 1 0 1

二進制數字答卷：

	1
	2
	3
	4
	5
	6
	7
	8
	9
	10
	11
	12
	13
	14
	15
	16
	17
	18
	19
	20
	21
	22
	23
	24
	25

世界腦力錦標賽之馬拉松數字

記憶項目名稱：馬拉松數字

記憶時間：60分鐘　　回憶時間：120分鐘

記憶卷

電腦生成數字，每頁25行，每行40個數字。將提供4000個數字（共四頁記憶卷）。可以跟裁判者要求更多的記憶卷，但必須在比賽前一個月提出。

回憶卷

參賽者使用提供的答題紙。如果參賽者想使用自己的答題紙，必須在比賽前經由裁判者同意。參賽者必須寫下自己記住的成行的數字，每行40個數字。答題紙上的行應和試卷上的行是一致的，如果有空行，請標清楚。

計分

如果每行都按順序正確寫出，得40分；在每一行中，出現了一處錯誤（包括漏掉一個數字），則只能得20分；如果一行中40個數字出現了兩處或兩處以上的錯誤，則判為0分。關於最後一行，如果最後一行沒有完成（比如說，開始的29個已經完成），而且都是正確的，那麼寫出幾個給幾分（在這個例子中，得29分）；如果最後一行沒有完成，且出現了一個錯誤（包括漏掉一個數字），那麼只能得到一半的分數。（如果是奇數，則給一半的整數。比如寫出29個數字，而且中間出了錯誤，那麼只能得到一半的分數，那麼得15分）。在最後決定誰是優勝者的判分中，勝負與否則

決定於附加的數字行，在這裏參賽者應盡力去記，每多寫對一個數字，就
多得一個決定性的分數，多得決定性分數的參賽者將是獲勝者。

馬拉松數字問卷

```
099306734291139343523816007278802785300 7 Row 1
981054414996986404935017040616059606030 3 Row 2
208039621987461095851265075429653149598 7 Row 3
247723255098755413096987181456497683493 5 Row 4
848759747587723607524169931168782420648 1 Row 5
100649422920035604636942814686944265781 2 Row 6
038943978135017168450874843425291922953 1 Row 7
601884369837041358157118943916218554691 5 Row 8
110449835245570978348869759068362660043 5 Row 9
216506326019332531103606453322971842131 1 Row 10
195387742310704081782614200402817683166 1 Row 11
518609334405994465807385938686458590829 4 Row 12
856681421076698084432749403553632582985 5 Row 13
121592144107674506176848188883246464714 6 Row 14
276663009594531231309513096098621827155 4 Row 15
278907239370148723399935451414377042112 6 Row 16
438526567688371645824807195418411893409 4 Row 17
456881046719332263995335228605284424174 5 Row 18
662265610811591905970070918540712547539 9 Row 19
027886428356825650305776493651323355156 4 Row 20
943241470263888291529701853625523433252 9 Row 21
```

40164650882862394992456359966559339485 95 Row 22

23538944680402106540579899974209356680 07 Row 23

64348739181849478533914623379987250387 43 Row 24

48579888970566998539281073215206726461 71 Row 25

馬拉松數字答卷

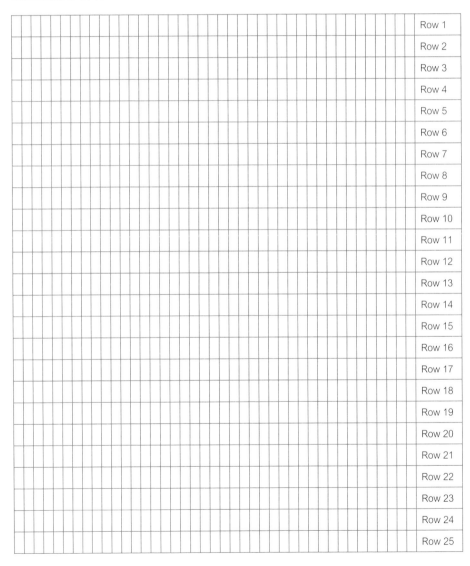

	Row 1
	Row 2
	Row 3
	Row 4
	Row 5
	Row 6
	Row 7
	Row 8
	Row 9
	Row 10
	Row 11
	Row 12
	Row 13
	Row 14
	Row 15
	Row 16
	Row 17
	Row 18
	Row 19
	Row 20
	Row 21
	Row 22
	Row 23
	Row 24
	Row 25

世界腦力錦標賽之人名頭像

記憶項目名稱：人名頭像

記憶時間：15分鐘　　回憶時間：30分鐘

記憶卷

99幅不同人物的彩色照片（大多數都是頭肩照），每張下面寫上姓名。一張紙上有三排照片，每排五幅照片，一共使用6.5 張紙。

回憶卷

參賽者必須在每幅照片下清楚地寫下正確的姓名。

計分

名字寫對的話，得1分；姓寫對的話，得1分；如果名字發音正確但拼寫錯誤，只得半分；如果姓的發音正確但拼寫錯誤，只得半分。總分是要計算每一個正確的名字的得分。如果結果不是整數，就四捨五入。如果發生平分，將看有幾幅不正確配對的照片，擁有愈少不正確配對照片的就是獲勝者。

人名頭像問卷：

The World Memory Championships 2009 - Names and Faces Memorisation Sheet

Zi Guo
郭紫

Emiilie Cuno
艾米麗·斯諾

Li Ma
馬力

Agnes Berg
艾格尼絲·伯格

An Lin
安林

Jane King
簡·金

Ming Mai
明麥

Claire Smith
克萊爾·史密斯

Alexander Siebolt
亞歷山大·西波爾德

Andreas Hagen
安德烈亞斯·哈根

Vanca Shah
萬斯·沙赫

Nora Berg
諾拉·伯格

Taras Lipa
塔拉斯·利珀

Viktorija Petrauskiene
維卡特特瑞嘉·派達斯克

Sati Malik
薩蒂·馬立克

人名頭像答卷：

The World Memory Championships 2009 - Names and Faces Memorisation Sheet

世界腦力錦標賽之快速數字

記憶項目名稱：快速數字

記憶時間：5分鐘　　回憶時間：15分鐘

記憶卷

電腦生成數字，一頁25行，每行40個數字，共有1000個數字（共一頁）。

回憶卷

參賽者使用提供的答題紙。如果參賽者想使用自己的答題紙，必須在比賽前得到裁判者的同意。參賽者必須在自己的答題紙上按行寫清楚每行40個數字。答題卷上的行必須和記憶卷上的行相對應，漏掉的行必須標明。

計分

如果每行按順序正確無誤地寫出40個數字，得40分；如果一行中出現一處錯誤（包括漏掉一個數字），得20分；如果一行中，出現兩處或兩處以上的錯誤（包括漏掉數字），得0分。關於最後一行，如果最後一行沒有完成（比如說，開始的29個已經完成），而且都是正確的，那麼寫出幾個數字給幾分（在這個例子中，得29分）；如果最後一行沒有完成，且出現了一個錯誤（包括漏掉一個數字），那麼只能得到一半的分數（如果是奇數，則給一半的整數。比如寫出29個數字，而且中間出了錯誤，那麼只能得到一半的分數，得15分）。最高分得主就是勝利者（最高分是從兩次機會中獲得的最高分數）。在平分的情況下，獲勝者是第二次機會中更好的

參賽者。如果參賽者在第二次機會中依然平分，裁判將考察每位參賽者最好的那一次答題卷的最後一行，在這行每多寫對一個數字，就多得一個決定性的分數，多得決定性分數的參賽者將是獲勝者。

快速數字問卷：

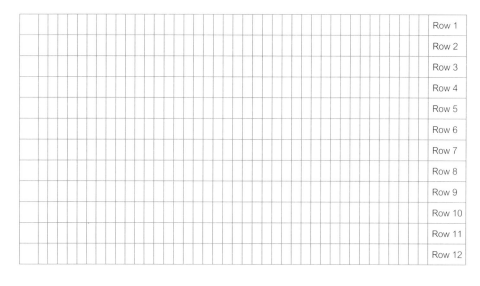

1	5 5 8 7 7 4 3 6 6 1 9 2 3 1 7 3 1 3 8 8 1 8 3 4 9 6 3 6 2 9 8 8 3 5 7 6 1 3 5 2	Row 1
2	3 8 7 6 5 4 6 0 5 1 5 3 1 6 3 5 8 3 5 5 4 7 6 2 5 8 1 0 5 2 9 3 3 3 6 8 9 4 9 3	Row 2
3	7 3 7 2 3 5 3 9 3 9 2 9 3 6 3 3 3 6 8 6 7 5 2 1 4 7 2 3 5 4 5 5 3 0 0 6 7 9 1 2	Row 3
4	3 7 8 2 5 1 9 5 1 2 1 9 0 0 3 1 4 6 9 9 5 7 8 0 1 3 5 0 5 1 2 3 6 8 5 2 2 8 6 4	Row 4
5	0 9 2 8 1 8 0 6 4 2 0 5 7 3 8 1 0 7 9 1 6 8 1 4 0 4 4 9 3 5 6 7 0 8 7 8 4 9 6 5	Row 5
6	5 0 1 3 6 2 8 8 4 1 1 6 2 5 6 2 4 9 8 3 4 5 1 0 4 1 1 2 5 2 5 1 7 2 0 0 4 9 2 6	Row 6
7	9 6 8 5 4 5 6 4 8 1 3 9 8 8 0 4 3 4 0 7 2 8 9 6 7 2 4 1 4 6 3 7 3 8	Row 7
8	9 4 8 5 9 8 8 0 2 0 3 6 2 7 4 1 1 0 5 9 2 1 1 9 2 7 2 2 1 0 4 5 0 1 4 3 4 3 7 2	Row 8
9	2 6 3 3 1 6 3 9 9 4 0 6 0 1 1 0 2 1 5 0 0 9 1 6 3 7 7 0 5 5 9 0 1 1	Row 9
10	0 8 6 6 5 8 3 3 0 3 4 6 0 3 5 1 5 4 3 5 4 1 8 6 6 4 8 7 9 9 6 8 1 3 7 4 2 8 9 7	Row 10
11	1 5 4 2 7 4 0 6 1 0 7 4 4 1 2 0 5 8 4 3 8 0 2 7 7 4 6 1 4 5 9 2 6 9 0 6 4 9 9 1	Row 11
12	7 4 8 9 9 5 7 7 4 1 7 9 2 9 0 2 9 1 4 3 6 3 8 8 8 6 0 7 3 4 6 0 0 9 3 9 5 4 4 1	Row 12

快速數字答卷：

	Row 1
	Row 2
	Row 3
	Row 4
	Row 5
	Row 6
	Row 7
	Row 8
	Row 9
	Row 10
	Row 11
	Row 12

世界腦力錦標賽之歷史事件

記憶項目名稱：歷史事件

記憶時間：5分鐘　　回憶時間：15分鐘

記憶卷

盡可能記住虛擬的歷史/未來日期，愈多愈好，並把它們與正確的歷史事件相連。

80個不同的歷史/未來日期，一張紙40個。這些歷史/未來的日期在1000和2099之間。所有的歷史/未來日期都是虛擬的（比如和平協議的簽訂日期）。事件文本的長度是1~5個英文單詞。所選年代的範圍必須在所規定的年代區間內，不會重複出現使用的日期或事件。四個數字的歷史/未來日期要寫在事件的左邊，事件是一個接一個寫下來的。

回憶卷

參賽者有兩張答題紙，每張寫40個歷史/未來事件。其歷史/未來事件和記憶卷的事件順序是不同的。參賽者要在事件前寫下正確的年份。

計分

每寫對一個年份給1分，四個數字都應該是準確無誤的，如果出現一個數字錯誤則扣去一半的分數。分數總數加起來（滿分80）。如果出現平分，優勝與否取決於出錯誤的多少（年份出錯），誰出的錯最少，誰就是獲勝者。

虛擬歷史事件問卷（部分示意）

Number	Date	Event-Chinese
1	1783	酒店舉辦150周年慶
2	1120	奧林匹克比賽推遲了12個月
3	1669	10歲成為最年輕的教授
4	1065	教師榮獲獎勵
5	2020	芝士價格上漲
6	1328	廚師做出一道新菜餚
7	1009	發明無熱量巧克力
8	2049	火山爆發
9	1167	廢止地心引力定律
10	1802	歐洲每個人都接種疫苗防止豬流感
11	1284	北歐海盜侵略蘇格蘭
12	1090	動物園看守人學習如何和動物交流
13	1966	製作石洞壁畫
14	1412	巨人行走於地球
15	1111	新國民假期方案出台
16	1350	加德納發明鞋櫃
17	1672	大象在倫敦的街道上踩踏
18	1831	運動員創造新100米紀錄
19	1126	軍隊主帥調來更多軍隊
20	1533	跳傘運動員在跳傘失敗的情況下存活
21	1155	世界上四分之一的動力來自風
22	1003	羅馬士兵被提升為百人隊長
23	1649	在IO中發現了生命

24	1617	首位印度宇航員
25	2093	河流乾涸
26	1143	蒸汽火車重新行駛在鐵軌上
27	1656	賽車跑得比聲音還快
28	1843	太空酒店關閉
29	1624	報紙發行量下降
30	1130	旅客從壞的纜車中被營救下來
31	1286	王子迎娶模特兒
32	1801	皮帽開始流行
33	1873	雨林中發現新水果品種
34	1083	醫生開處方為笑口常開
35	1558	發現新大陸
36	1776	詩人榮獲獎勵
37	1134	婦女長出鬍鬚
38	2057	狼被獵人射殺
39	1048	黑洞吞噬了整個太陽系
40	1547	亞特蘭提斯島中陷落的城市又被發掘

虛擬歷史事件答卷（部分示意）

Number	Date	Event-Chinese
1	_____	巨人行走於地球
2	_____	橋樑橫跨大西洋
3	_____	狼被獵人射殺
4	_____	教師榮獲獎勵
5	_____	龍燒毀了房子
6	_____	廢止地心引力定律
7	_____	巫術導致婦女自焚
8	_____	政客被毒害
9	_____	黑猩猩學習手語
10	_____	錫礦被打開
11	_____	王子迎娶模特兒
12	_____	婦女長出鬍鬚
13	_____	事故導致高速公路長達20英里的堵車
14	_____	旅客從壞的纜車中被營救下來
15	_____	在戰爭中軍隊獲勝
16	_____	北極冰川融化
17	_____	島嶼陷入海平面以下
18	_____	任命新一屆倫敦市市長
19	_____	漂亮的王后被披露出是一位男性
20	_____	賽車跑得比聲音還快
21	_____	國王因衰老而死亡
22	_____	第一隻滑水的沙鼠
23	_____	機場被選舉成為最醜陋的建築

24	_____	修道士完成精神上的教化
25	_____	生長出黑色雛菊
26	_____	百歲老人笨豬跳
27	_____	酒店舉辦150周年慶
28	_____	報紙發行量下降
29	_____	學校取消考試
30	_____	名人寫自傳
31	_____	奧林匹克比賽推遲了12個月
32	_____	蒸汽火車重新行駛在鐵軌上
33	_____	軍隊主帥調來更多軍隊
34	_____	茶歇長達三個小時
35	_____	快餐被認為有益健康
36	_____	板球隊贏得比賽
37	_____	藝術家在決鬥中被殺
38	_____	木馬贏得了比賽
39	_____	運動員創造新100米記錄
40	_____	彗星與地球相撞

世界腦力錦標賽之一小時撲克牌

記憶項目名稱：一小時撲克牌

記憶時間：60分鐘　　回憶時間：120分鐘（在記憶和回想中間有15分鐘休息時間，在這期間允許收回撲克牌。）

記憶卷

幾副52張洗過的分開的獨立撲克牌（數字由參賽者決定）。參賽者可以帶自己的牌，但必須提前交給裁判者洗牌。撲克牌可以反復看幾次，而且一次可以看多張牌。每副牌要按順序標上序號，剛開始要用橡皮筋紮起來。記憶的順序（從開頭到結尾或是從結尾到開頭）必須指出來。這可以在開始記憶的時候完成，也可以記憶結束後完成。這也是賽程為參賽者提供橡皮筋和標籤的原因。參賽者要提交記憶完整的撲克牌，如果最後一副沒有完成，請標出。

回憶卷

如果參賽者想使用自己的答題紙，必須在比賽前經過裁判者的同意。參賽者必須寫清楚每副牌的序號，確保牌的大小（例如A、2、3……J、Q、K）以及花色都很清楚。參賽者必須在回憶卷上寫清楚指定的是哪副牌。

計分

如果每副牌都記憶正確得，52分；如果錯一個得26分；超過兩個以上（包括兩個）的錯誤，得0分。關於最後一副牌，如果最後一副牌沒有完成（比如，只記住了38張），但記住的都是正確的，那麼記住幾張就給幾張的分；如果最後一副牌沒有完成，但記住的有一處錯誤，那麼只能得一半

分數（如果是奇數，比如19張牌時出現了一個錯誤，那麼得分是10分）。如果遇到平分的話，勝負取決於附加的撲克牌。在這副牌中，參賽者盡力去記，但結果是0分，每記對一張牌，可以得一分，得分最多的將是獲勝者。

一小時撲克牌答卷：

The World Memory Championships 2004
1 Hour Cards Recall Papers

Competitor's Name_____

Write the number or letter A(ce), J(ack), Q(ueen), K(ing)

Deck #				Deck #			
♣	♦	♥	♠	♣	♦	♥	♠
♣	♦	♥	♠	♣	♦	♥	♠
♣	♦	♥	♠	♣	♦	♥	♠
♣	♦	♥	♠	♣	♦	♥	♠
♣	♦	♥	♠	♣	♦	♥	♠
♣	♦	♥	♠	♣	♦	♥	♠
♣	♦	♥	♠	♣	♦	♥	♠
♣	♦	♥	♠	♣	♦	♥	♠
♣	♦	♥	♠	♣	♦	♥	♠
♣	♦	♥	♠	♣	♦	♥	♠
♣	♦	♥	♠	♣	♦	♥	♠
♣	♦	♥	♠	♣	♦	♥	♠
♣	♦	♥	♠	♣	♦	♥	♠
♣	♦	♥	♠	♣	♦	♥	♠
♣	♦	♥	♠	♣	♦	♥	♠
♣	♦	♥	♠	♣	♦	♥	♠
♣	♦	♥	♠	♣	♦	♥	♠
♣	♦	♥	♠	♣	♦	♥	♠
♣	♦	♥	♠	♣	♦	♥	♠
♣	♦	♥	♠	♣	♦	♥	♠
♣	♦	♥	♠	♣	♦	♥	♠
♣	♦	♥	♠	♣	♦	♥	♠
♣	♦	♥	♠	♣	♦	♥	♠
♣	♦	♥	♠	♣	♦	♥	♠
♣	♦	♥	♠	♣	♦	♥	♠
♣	♦	♥	♠	♣	♦	♥	♠
♣	♦	♥	♠	♣	♦	♥	♠
♣	♦	♥	♠	♣	♦	♥	♠
♣	♦	♥	♠	♣	♦	♥	♠
♣	♦	♥	♠	♣	♦	♥	♠
♣	♦	♥	♠	♣	♦	♥	♠
♣	♦	♥	♠	♣	♦	♥	♠
♣	♦	♥	♠	♣	♦	♥	♠
♣	♦	♥	♠	♣	♦	♥	♠
♣	♦	♥	♠	♣	♦	♥	♠
♣	♦	♥	♠	♣	♦	♥	♠
♣	♦	♥	♠	♣	♦	♥	♠
♣	♦	♥	♠	♣	♦	♥	♠
♣	♦	♥	♠	♣	♦	♥	♠

世界腦力錦標賽之隨機詞匯

記憶項目名稱：隨機詞匯

記憶時間：15分鐘　　回憶時間：30分鐘

記憶卷

一些通常熟知的單詞排成一個列表，一欄20個，一頁五欄，共四頁（400個單詞）。參賽者必須從第一欄的第一個單詞開始寫，按順序記憶單詞，愈多愈好。

回憶卷

參賽者在回憶卷上填寫單詞表。如果參賽者希望使用自己的答題紙，必須在比賽前得到裁判者的批准。每個單詞都必須清楚地標明序號，每欄開始和結束的單詞都要容易辨識。

計分

如果一欄中20個單詞都拼寫無誤，每一個單詞得1分；如果一欄中的20個單詞中出現一個錯誤（包括空格），得10分；如果一欄中20個單詞出現兩處或是兩處以上的錯誤（包括任何空格），得0分。參賽者可使用大小寫。對於最後一欄，如果最後一欄只完成一部分，每一個正確拼寫的單詞將得1分。在這完成的一欄中，出現一個錯誤（包括空格錯誤），將只得正確單詞數所得分數的一半。出現兩個或兩個以上的錯誤（包括空格錯誤），則得0分。如果一個單詞被清楚地記憶，但拼寫是錯誤的，該詞不給分數。但這個錯誤不影響這一欄其他單詞的記分※。例如，如果參賽者將「rhythm」寫成「rhythm」，那麼這一單詞不得分，如果這一欄的其他單

詞都正確，那麼全部得分減掉1分，即是所得分數（即19分）。如果在一欄中既有記憶錯誤又有拼寫錯誤，那麼最大的分數只有一半的分數，並且要把拼寫錯誤從剩餘分數中扣減掉（如最高20分，除以2等於10分，減掉1分等於9分）。每一行的分數相加。如果是非整數，則四捨五入（如72.5分計為73分）。在平分的情況下，獲勝者將由剩餘的那一欄來決定。在這一欄中，選每一個位置上正確的單詞將被給予一個關鍵的分數。擁有愈多關鍵分數的參賽者就是這一項目的獲勝者。

隨機詞匯問卷：

1	板藍根	陽光	紙巾	太平洋	射箭
2	螢幕	水龍頭	收音機	變葉木	音樂
3	典禮	老虎草	雷達	珍珠港	魚雷
4	轟炸機	戰鬥機	雲層	彈床	攻擊
5	演習	頃刻間	牡丹	信號	跆拳道
6	網球	山毛櫸	秋千	山楂	公交車
7	擴大	萬年青	衝浪	虎尾蘭	河畔
8	蘋果	其實	兀鷲	建立	雪蓮
9	海芋	黑奴	測量員	燒烤架	答應
10	湘江	蒸鍋	餐具	半日花	核桃
11	寒冷	百合	門鎖	雨傘	褐馬雞
12	圍裙	刨冰機	馴服	蜂鷹	外交
13	援助	田地	病逝	胡椒	辣椒
14	椰菜	蒜	龜背竹	萵苣	電工
15	豐富	描圖紙	嚴密	邏輯	雜工
16	管道	才能	油漆工	和諧	派對
17	枕套	響尾蛇	犧牲	存在	毛毯
18	印象	蚊帳	統治	外語	眼界

| 19 | 知識 | 坐標紙 | 岩石 | 棉被 | 盜竊 |
| 20 | 草地 | 居民 | 砍柴 | 放牧 | 聖杯 |

※這項規則是用來減少非英語國家的參賽者因拼寫混淆、翻譯錯誤、誦讀困難和殘疾產生的複雜情況。

隨機詞匯答卷：

1					
2					
3					
4					
5					
6					
7					
8					
9					
10					
11					
12					
13					
14					
15					
16					
17					
18					
19					
20					

世界腦力錦標賽之聽記數字

項目名稱：聽記數字

記憶時間：

第一次：100秒　　第二次：200秒　　第三次：300秒

回憶時間：

第一次：5分鐘　　第二次：10分鐘　　第三次：15分鐘

記憶卷

　　放送錄音用英語清楚地讀出單個數字，以每一秒讀一個數字的速度放送。第一次讀100個數字，第二次讀200個數字，第三次讀300個數字。放送錄音時，不能動筆記錄。即使有些參賽者達到了記憶的極限，他也必須在座位上安靜地坐着，等待着錄音播完。由於某種外界干擾的原因，比賽要暫停，重新開始的播放要從被打斷的前五個數字開始，一直到把剩餘數字播放結束。

回憶卷

　　參賽者使用提供的答題紙。如果參賽者想使用自己的答題紙，必須在比賽前得到裁判者的同意。參賽者必須按照連貫的順序從開始依次寫下所記住的數字。

計分

參賽者從第一個數字按順序開始寫起,每按照順序寫對一個,得1分;一旦參賽者出現第一次錯誤,記分在那裏停止。如果參賽者寫了127個數字,但第四十三個數字錯誤,那麼記分記到第四十二個數字。如果參賽者回憶了200個數字,但在第一個數字就出現了錯誤,那麼分數為0。

第一輪:聽記數字100個

														1
														2
														3
														4

第二輪:聽記數字200個

														1
														2
														3
														4
														5
														6
														7
														8

世界腦力錦標賽之快速撲克

記憶項目名稱：快速撲克

記憶時間：5 分鐘 （有兩次機會，每次的牌排序都是不一樣的）

回憶時間：每次5 分鐘

記憶卷

52 張剛洗過的牌。參賽者可以提供自己的牌，但必須在比賽前由裁判者重新洗過。期望在 5 分鐘之內記完所有牌的選手：（1）必須通知裁判者，準備帶秒錶的計時器（可以精確到 1/100 秒）；（2）必須給予監考者適當的提示，以表明自己已經完成了記憶。參賽者只有在裁判宣佈 5 分鐘記憶時間結束之後方能開始回憶。參賽者可以反復看幾次牌，也可以同時看多張牌。

回憶卷

記憶階段結束後，每個參賽者可以再得到一副按順序排列的完整撲克牌（即紅心 2 紅心 3 紅心 4 等），參賽者必須把第二副牌按照剛才記的第一副牌的順序進行排列。兩副牌必須標明哪是第一副，哪是第二副。回憶完畢時，把兩副牌放在桌子上，最上面的是記住的第一張牌。

計分

裁判者將會對兩副牌做出比較，如果中間某張牌出現了不一致的地方，那麼按這張牌以上的部分計分；在最短時間內記住這 52 張牌，並且都準確無誤的參賽者將是本次活動的獲勝者。只有將所有的牌都完整無誤地記下來才能得分。最好的分數從兩次機會中得出。如果遇到平分的話，第二次的分數具有決定意義。

後記

我和世界腦力錦標賽的故事

2011年第二十屆世界腦力錦標賽中我為中國隊奪得一金一銅，一舉斬獲「世界記憶大師」獎。

接下來跟你分享一些我在邁向世界記憶大師路上的幕後故事。

我想說的是，一個人的成功絕不僅僅是一個人的成功，而是集合了眾人的智慧和力量，涓涓細流彙聚成的驚波狂瀾才造就了風口浪尖的弄潮兒。沒有老師們的悉心指導，沒有朋友們的鼎力支持，沒有隊員之間真誠無私的互相鼓勵，我想我會一無所是。台前幕後，要感謝的人實在太多，也慶幸自己能戰到最後，成功屬不屈不撓勇往直前絕不放棄的人！

回想7月份的時候，那時我很茫然，世界冠軍離我應該是遙不可及的，只在心中播下了一個隱隱的種子，還未破土，而幾個月後我竟能在世界級的大賽中榜上有名，這一切難道不像做夢嗎？人生中充滿着奇遇，相信夢想，奇跡就會出現。做一個有夢的人，再苦再累，生活都會很美好。

初到武漢，是7月中旬，正值酷暑，第一次選拔，我並未如願入選，萬丈熱情付之冰水，讓人心灰意冷，茫茫無助，卻又從絕望中奮起，自我鼓勵，繼續奮鬥。

7月中旬到8月中旬這個過渡期，對我來說是個煉獄般的考驗，一面要在茫茫無助和隱隱希望中堅守，一面要與酷暑熱浪、身心難寧、艱苦訓練以及周圍糟糕的飲食等外因相較量。人們通常只能看到別人頭上的光環，

卻看不到他們幕後的付出。一路走來，我戰勝了一個又一個常人難以想像的困難，來自內心的力量愈來愈堅定。

　　一個月之後，我的努力和付出終於得到了回報，一扇成功的門慢慢地向我打開了。我順利地成為精英戰隊中的一員，能夠跟優秀的老師和隊員們一起並肩作戰，我不再孤獨。

　　隨之，我和一個有夢的選手阮齊貴搬到了一個叫吳家灣的地方訓練。我想這是上天對我的又一次眷顧。這裏的環境和飲食都得到了一些改善，非常適合訓練，但是總的來說條件還是比較艱苦，可對於一個堅強的人來說，有甚麼能阻擋他前進的步伐呢。

　　初到吳家灣的第一個晚上讓我難以入眠。那時天氣非常炎熱，蚊子很多，而且特別具有戰鬥力，晚上反反復複折騰讓人根本無法休息。我索性就把席子淋了個水汪汪，再把床單泡得水淋淋，濕答答地蓋在身上，那感覺十分難受，就這樣將就着迷迷糊糊地過了一夜。第二天太陽升起的時候，我照樣又是一個充滿鬥志的戰士。

　　訓練期間，我會排除一切干擾因素，盡可能讓自己保持簡單、單純，只有簡單、單純的人才更容易成功。同時我會看一些好的視頻和文章，或者聽一些積極向上的歌曲。

　　時間很快到了華中區模擬選拔賽，很幸運的是我獲得了總冠軍，袁老師親贈藏書一本以資鼓勵。

　　接下來是中國賽。這次賽事我發揮得並不是很好。馬拉松撲克我記了31副，結果只對了12副；馬拉松數字記了2400個，只對了1580個。由於一些其他細節問題，有些項目得分很低，甚至是0分，不過在快速撲克這個項目上竟還意外獲得一塊銀牌。總成績出來的時候嚇我一跳，好懸，差一點沒能入圍！

中國賽結束回來之後，所有的項目我都不再測試，而是做了一些修正編碼和地點樁之類的基本工作。世界賽開始前最後一次練習馬拉松撲克，我記了28副。由於屋內沒有暖氣，天氣實在太冷，推着推着手就麻了，大腦就像冰豆腐一樣僵化了，思維很慢，勉強記完。最後寫的時候，冷得坐不住，而且記憶的效果很差，只寫了幾副牌就寫不下去了。世界賽前我內心一直在糾結，這不是一般的糾結，而是非常地糾結，因為我的本性是非常激進的，很想去打破紀錄，但準確率實在太低。我記得袁老師說過首次參賽要保持穩定，衝破紀錄的話很可能連10副牌都對不了。我想聽他的話，但我的本性卻壓制不了。就這樣一直處於糾結狀態，最後勉強壓制自己，馬拉松撲克只帶了去26副牌，我不敢多帶，我擔心多帶了只要往桌上一擺，就會忍不住要把它們全都記下，不管對錯！

轉眼就到了征戰世界賽。

賽前還有一個小插曲。原本大家約定5:40在站前集合，結果發生交通堵塞，我被堵在了路上，車子只能一步一步挪着前進，特別地慢。對地形不熟的結果是我跑錯了汽車站，一番折騰下來最終耽誤了時間。無奈之下我只好一個人出征。最後費了很大一番力氣才趕到，差點還耽誤了簽到。從這個事件中我領悟到了一點：做事千萬不要因小失大。到了賽場，見到了博贊、多米尼克等許多傳說中的人物，以及許多來自世界各國的高手，真可謂是高手雲集，群英薈萃啊！他們有不同的膚色、不同的眼神，地域各異，語言相迥，但是夢卻相同，那就是：超越自我、挑戰極限！

一切就緒後，一場世界級的腦力大賽就拉開了帷幕。我的骨子裏極具冒險家的精神，導致我採取的所有策略都極其冒險！這場賽事對我來說就像參加世界大戰一樣驚心動魄，現在回想一下都不禁讓我倒吸涼氣。

比賽第一天三個項目結束後，我的總分排在了第三，馬拉松數字項目竟突破2000大關，斬獲一塊銅牌。第二天正常比賽。第三天就開了一個天

大的玩笑。博贊在公佈馬拉松撲克成績時，從第十名念到第二名的時候竟然還沒有聽到我的名字，難道我是第一名？我心裏有點打鼓。最後念到了第一名，是劉蘇。我當時就傻眼了，我記了26副牌，感覺是那麼好，竟然連前十名都沒有進，這實在太不可思議了！我跑去往牆上一看，只對了352張，也就是6副左右的樣子。

天啊，這實在可怕，世界記憶大師三項標準之一我竟然沒有過，這就意味着付出的近半年的血汗將全部付之東流，而且我的總排名一下被拋到了幾十名之外，後面的項目叫我還如何比下去？我在心裏告訴自己鎮定，鎮定，一定要鎮定，然後要求裁判室複查。隊友們都過來安慰我，我從來沒有感受過人與人之間可以這樣真誠。

等待複查結果的那段時間簡直就是一種煎熬，實在太漫長了。我頭腦中忍不住冒出很多可怕的念頭，我盡可能地壓回去，並運用吸引力法則等待奇跡的出現，最大限度地讓自己保持平靜。後面的項目多多少少受到了一些影響，不過沒有造成毀滅性的後果。

第三輪聽記前，工作人員告訴我複查結果是馬拉松撲克我對了1352張，輸入電腦時少輸了個「1」。我一算，天啊，26副全對了！我衝過去告訴袁老師，他也非常高興：「真的？那你是冠軍啦？」「是的！」「太好了！」然後我們一起握手擁抱。

這場賽事對我的考驗可以説極其巨大，同時我也見證了心態的重要性。世界級的賽場上，不但要具備世界級的實力，更要具備世界級的心態。正是憑着這種過人的心態，才能夠臨危不懼遇慌不亂，沒有釀成可怕的後果，否則心理防線一旦崩潰，結果不堪設想。成績一糾正過來，我的總分一下子又從幾十名之外被拉回了季軍的位置。

很快到了第三天下午最後一個項目：快速撲克。由於我採取的策略太過於冒險，結果被去年的記憶大師李威反超而名落第四。略微遺憾的是與

總季軍失之交臂。不過作為新人首次參賽能進前五名也可以聊作安慰了，總算不負一番努力，對自己、對那些給予自己期許的人有份答卷。

此次大賽中有很多項目我都是超常發揮，我覺得自己很適合比賽，因為我喜歡冒險，喜歡挑戰，喜歡那種全力以赴奔向極致的感覺。如果不受馬拉松撲克事件的影響，我想我還會發揮得更好一些。不過一切都是最好的。

整個賽程中，袁老師拔劍指揮，忙前忙後，累得不行，還有周強和向慧兩位老師為我們這些前線的戰士殷勤服務。這樣的後勤也絕對堪稱世界級的後勤，把我們每個人都照顧得非常好，賽後大家都稱他們為「奶爸」「奶媽」，而且是「超級奶爸」「超級奶媽」！我想如果沒有這些幕後英雄的付出，這場戰果就要大打折扣。

三天的激烈角逐，終於落下帷幕。我獲得一金一銅，排名第四，榮獲「世界記憶大師」稱號。

要離開了。武漢是個溫暖的地方。這裏有夢想、有激情、有純真的友誼和濃濃的人情，這裏留下過我奮鬥的身影，這裏有一群充滿活力、踏實認真的年輕人在做着一件偉大的事。我的老師們都非常優秀，給了我很多指導和關懷，我從他們那裏獲得過力量。

感謝生命中能有這樣一段歲月！

感謝這段歲月中能遇到這樣一群人——老師、兄弟、朋友、並肩作戰的隊友、支持和幫助過我的人。特別值得一提的是，整個賽程自始至終一直有一位好兄弟湯旭東在幕後幫助我，沒有他的大力支持，我的成績可能會大打折扣！

這段歲月、這些人，我一直心存感激，多少年我都不會忘記！

最後，祝我的老師和朋友們愈來愈好，祝每個人都愈來愈好。

附錄：圓周率1000位

3.141 59265 35897 93238 46264 33832 79502 88419 71693 99375 10582 09749
44592 30781 64062 86208 99862 80348 25342 11706 79821 48086 51328 23066
47093 84460 95505 82231 72535 94081 28481 11745 02841 02701 93852 11055
59644 62294 89549 30381 96442 88109 75665 93344 61284 75648 23378 67831
65271 20190 91456 48566 92346 03486 10454 32664 82133 93607 26024 91412
73724 58700 66063 15588 17488 15209 20962 82925 40917 15364 36789 25903
60011 33053 05488 20466 52138 41469 51941 51160 94330 57270 36575 95919
53092 18611 73819 32611 79310 51185 48074 46237 99627 49567 35188 57527
24891 22793 81830 11949 12983 36733 62440 65664 30860 21394 94639 52247
37190 70217 98609 43702 77053 92171 76293 17675 23846 74818 46766 94051
32000 56812 71452 63560 82778 57713 42757 78960 91736 37178 72146 84409
01224 95343 01465 49585 37105 07922 79689 25892 35420 19956 11212 90219
60864 03441 81598 13629 77477 13099 60518 70721 13499 99998 37297 80499
51059 73173 28160 96318 59502 44594 55346 90830 26425 22308 25334 46850
35261 93118 81710 10003 13783 87528 86587 53320 83814 20617 17766 91473
03598 25349 04287 55468 73115 95628 63882 35378 75937 51957 78185 77805
32171 22680 66130 01927 87661 11959 09216 42019 89

世界級記憶大師

教你 人人學得會的

高效記憶術

著者
蔣卓鏘

責任編輯
周宛媚

裝幀設計
陳翠賢

排版
辛紅梅

出版者
萬里機構出版有限公司
香港北角英皇道499號北角工業大廈20樓
電話：2564 7511
傳真：2565 5539
電郵：info@wanlibk.com
網址：http://www.wanlibk.com
　　　http://www.facebook.com/wanlibk

發行者
香港聯合書刊物流有限公司
香港新界大埔汀麗路36號
中華商務印刷大廈3字樓
電話：2150 2100
傳真：2407 3062
電郵：info@suplogistics.com.hk

承印者
中華商務彩色印刷有限公司
香港新界大埔汀麗路36號

出版日期
二零一九年九月第一次印刷
二零二零年八月第二次印刷

規格
16開（240mm x 170mm）